EXPLICANDO
O ANTIGO TESTAMENTO

CB028973

FRANCISCO ALBERTIN

EXPLICANDO O ANTIGO TESTAMENTO

Suas histórias, profecias, leis, costumes...

EDITORA
SANTUÁRIO

DIRETORES EDITORIAIS:
Carlos da Silva
Marcelo C. Araújo

EDITORES:
Avelino Grassi
Márcio F. dos Anjos
Roberto Girola

COORDENAÇÃO EDITORIAL:
Denílson Luís dos Santos Moreira

REVISÃO:
Denílson Luís dos Santos Moreira
Leila Cristina Dinis Fernandes

DIAGRAMAÇÃO:
Juliano de Sousa Cervelin

CAPA:
Marco Reis

Dados Internacionais de Catalogação na Publicação (CIP)
(Câmara Brasileira do Livro, SP, Brasil)

Albertin, Francisco
    Explicando o Antigo Testamento: suas histórias, profecias, leis, costumes /
Francisco Albertin. - Aparecida, SP: Editora Santuário, 2007.

    ISBN 978-85-369-0112-1

    1. Bíblia. A.T. - Estudo e ensino 2. Bíblia. A.T. - Introduções 3. Bíblia.
A.T. – Teologia I. Título.

07-7446   CDD-221.6

Índices para catálogo sistemático:
1. Antigo Testamento: Bíblia: Teologia 221.6

12ª impressão

Todos os direitos reservados à EDITORA SANTUÁRIO – 2019

Rua Pe. Claro Monteiro, 342 – 12570-000 – Aparecida-SP
Tel.: 12 3104-2000 – Televendas: 0800 - 16 00 04
www.editorasantuario.com.br
vendas@editorasantuario.com.br

INTRODUÇÃO

D escobrir o tesouro maravilhoso deixado por Deus no Antigo Testamento é tarefa de todo cristão. Deus nos fala do seu amor, do seu carinho, através de histórias e fatos acontecidos antes de Jesus; mas muitos cristãos hoje não conseguem ter acesso a esse tesouro por várias circunstâncias ou até mesmo por acomodação.

Esta obra foi elaborada com amor e carinho, mas é apenas uma introdução e uma porta de acesso a todos, rumo às maravilhas de Deus contidas no Antigo Testamento.

Algumas perguntas, porém, devem ser respondidas para melhor compreensão do que vem a ser o Antigo Testamento. Baseamo-nos em Carlos Mesters.[1]

1. Quem escreveu a Bíblia?

A Bíblia não caiu pronta do céu; ela surgiu da terra, da vida do povo de Deus; surgiu como fruto da inspiração divina e do esforço humano.

---

[1] MESTERS, Carlos. *Bíblia: livro feito em mutirão.* São Paulo: Edições Paulinas.

Não foi uma única pessoa quem escreveu a Bíblia; muita gente deu a sua contribuição: homens e mulheres, jovens e velhos, agricultores, pescadores, gente instruída e gente simples.

2. Quando foi escrita a Bíblia e em qual lugar?

A Bíblia não foi escrita de uma só vez; levou muito tempo, a saber, mais de mil anos. Começou a ser escrita em 1250 a.C. até 100 d.C., num total de mais ou menos 1.350 anos; não foi escrita num só lugar, mas em vários. A maior parte foi escrita na Palestina, em hebraico, aramaico e grego.

3. Qual a diferença da Bíblia católica com as demais?

A católica é completa, com 73 livros, sendo 46 do Antigo Testamento e 27 do Novo Testamento, e a dos protestantes e crentes tem sete livros a menos, quais sejam: Tobias, Judite, Baruc, Eclesiástico, Sabedoria, 1 e 2 Macabeus e partes de Daniel e Ester. A diferença é que eles não aceitaram os livros escritos em grego como inspirados por Deus e pegaram só os escritos em hebraico.

O Antigo Testamento divide-se em quatro grandes partes:

1. Livros do Pentateuco   (5)
2. Livros Históricos   (16)
3. Livros Sapienciais   (7)
4. Livros Proféticos   (18)

Vamos explicar todos os livros do Antigo Testamento de um modo geral. Portanto, não vamos aprofundar o contexto social, estudar todos os textos e nem entrar muito em questões exegéticas. Assim sendo, vamos utilizar, em cada um deles, os seguintes itens:

1. Visão geral.
2. Divisão do livro.
3. Explicando o livro (em questão) e

Saiba mais... Com certeza, isso vai ajudar você a entender as mais belas histórias, profecias, leis e costumes que antecederam o Novo Testamento e os ensinamentos de Jesus.

＊ ＊ ＊

Foi publicada, pela Editora Santuário, a série intitulada "Explicando a Bíblia", que contém os seguintes livros:

1. *Explicando o Antigo Testamento.* A obra comenta a maneira como Deus caminha com seu povo; descreve, de um modo geral, cada um dos 46 livros do Antigo Testamento, as mais belas histórias, profecias, leis e costumes. Livro essencial para introduzir e entender bem o Novo Testamento.

2. *Explicando o Novo Testamento: os evangelhos de Marcos, Mateus, Lucas e Atos dos Apóstolos.* Essa obra comenta os diversos ensinamentos de Jesus, suas parábolas, milagres, sua bondade acima de tudo, o amor de Deus, que enviou seu Filho Jesus para nos salvar, e isso foi narrado por Marcos, Mateus e Lucas, que também escreveu os Atos dos Apóstolos e descreveu a caminhada das primeiras comunidades cristãs.

3. *Explicando as cartas de São Paulo.* A obra descreve a vida de Paulo, sua conversão, suas viagens com os mapas, todas as suas cartas e seus principais temas e ensinamentos. Ninguém melhor que Paulo soube entender, com o coração e com a própria vida, os ensinamentos de Jesus. Sua linda e emocionante história mistura-se com a vida de fé das primeiras comunidades e nos inspira a ser discípulos(as) missionários(as) de Jesus Cristo.

4. *Explicando o Evangelho de João e as Cartas de: João, Hebreus, Tiago, Pedro e Judas.* A obra explica, em detalhes, os ensinamentos de Jesus e seus sinais no Evangelho escrito por João, a nova criação, a nova páscoa, a nova e eterna aliança, o misterioso discípulo amado, a força e o papel essencial das mulheres e discípulas amadas por Jesus e testemunhas de sua ressurreição, bem como o segredo maior do novo mandamento: "amai-vos uns aos outros assim como eu vos amei". E ainda há a riqueza e os ensinamentos das Cartas de João, Hebreus, Tiago, Pedro e Judas.

5. *Explicando o Apocalipse.* É uma obra fascinante que revela a importância da fé, da esperança, da profecia, da luta e da vitória. Na batalha entre o Dragão, que simboliza toda a força do mal, contra o Cordeiro, que é Jesus, fica evidente que o bem sempre vence o mal. Mas, para entender o Apocalipse, faz-se necessário tirar o véu que envolve suas visões. O autor explica, de maneira simples e teológica, o significado dessas visões, sonhos, símbolos, figuras estranhas e enigmas, e revela o projeto de Deus na vida e na história da humanidade. O leitor vai entender o Apocalipse com seus ideais e sonhos, e perceberá que seguindo o caminho de Jesus, ainda hoje, é possível construir um Novo Céu e uma Nova Terra.

O Autor

Primeira parte

PENTATEUCO

OS LIVROS DO PENTATEUCO

PENTATEUCO é uma palavra que vem do grego (*He Pentateuchos*) e significa "o livro em cinco volumes". É formado por:
1. Gênesis (origem).
2. Êxodo (saída, libertação).
3. Levítico (leis).
4. Números (recenseamento).
5. Deuteronômio (segunda lei).

Na Bíblia hebraica (*Tanah*), os judeus referem-se a esses livros como *Torá* — lei.

GÊNESIS

1. Visão geral

Gênesis é uma palavra grega que significa nascimento, início, origem. O primeiro livro da Bíblia foi assim chamado porque nele encontramos as narrativas sobre as origens do mundo, da humanidade, do pecado e da história do povo de Deus.

Ele não foi o primeiro livro da Bíblia a ser escrito. Ao que tudo indica, ele só foi escrito ao longo do exílio da Babilônia, entre os anos 586 até 538 a.C. (antes de Cristo).[2]

2. Divisão do livro

Podemos dividir o livro do Gênesis em duas partes:

a) capítulos de 1 a 11 — falam das origens do mundo, do homem, da vida e do pecado. Devemos tomar muito cuidado ao ler esses capítulos que foram escritos de maneira simbólica, e não histórica ou científica. Na verdade, ninguém sabe, com certeza, o modo pelo qual foi criado o mundo, qual a origem do mal e como o ser humano (homem e mulher) surgiu. Para as pessoas de fé, foi Deus quem criou o mundo, o homem e a mulher;

b) capítulos de 12 a 50 — falam da formação e da história do povo de Deus. Aqui vamos encontrar a história de *Abraão, Isaac, Jacó, Esaú, Dina, José do Egito* e outras.

3. Explicando o Gênesis

Vários assuntos são abordados ao longo desse importantíssimo livro da Bíblia, o qual fala sobre o começo do mundo e a origem da humanidade. Dentre eles, destacamos: *a criação, o paraíso, Adão e Eva, o dilúvio, a Torre de Babel e a História do Povo de Deus.*

---

[2] É costume contar os anos da seguinte maneira: antes de Cristo, em ordem decrescente, ou seja, do maior para o menor; após Jesus Cristo, em ordem crescente, ou seja, do menor para o maior.

3.1. A criação

O livro do Gênesis começa descrevendo a *criação* (narrativa sacerdotal) e mostra que toda a origem do universo é estruturada no esquema da semana: a *criação* se deu ao longo de seis dias, sendo que, no sétimo, Deus descansou. A observância do sábado, que é o sétimo dia, é importante, pois marca o término da *criação* e o descanso de Deus, além de distinguir o povo judeu dos demais povos.

A afirmação central de que Deus criou todos os seres o faz Senhor de todo o universo, acima de todos os outros "deuses" das outras nações. A natureza foi criada por Deus.

Mas há uma outra narrativa sobre a *criação* (2,4b-25), chamada de javista, no século X a.C., na época do Rei *Salomão*. Em relação à *criação* da mulher da "costela de Adão", deve ser a mesma entendida que a mulher e o homem se complementam. Dizem até que "a mulher não foi tirada da cabeça do homem para mandar nele, nem foi tirada dos pés dele para ser sua escrava; mas foi tirada do lado, para ser sua companheira".[3] Perante Deus, são iguais em direitos e deveres.

A função das narrativas da *criação* não é dar uma explicação científica para a origem do mundo e do homem, mas para dar respostas às determinadas perguntas de um tempo e de uma situação. O que deve ficar bem claro para nós é o

---

[3] BÍBLIA edição pastoral. 8 ed. São Paulo: Edições Paulinas, 1993, p. 16 (nota de rodapé).

13

seguinte: Deus criou tudo voltado para a vida; a tarefa do homem e da mulher é também preservar e criar mais vida.

A *criação*, narrada em 1—2,4a, tem uma estrutura que os judeus chamam de "quiasmos", ou seja, uma voltada para a outra, mostrando a unidade do conjunto. A questão da *criação* em 7 (sete) dias é simbólica, pois o número "7" significa, para os judeus, perfeição, plenitude e totalidade.

A estrutura do texto sobre a *criação* é a seguinte:

1º dia: Deus começa a criação;

2º dia: firmamento: (Céu e Terra);

3º dia: Terra e plantas;

4º dia: Deus criou tudo, o Céu e toda a Terra;

5º dia: seres vivos que vivem na Terra;

6º dia: a criação dos animais e do homem;

7º dia: Deus termina a criação e descansa.

3.2. O paraíso (2,8—3)

Muito se fala sobre a existência do *paraíso*. Afinal de contas, ele existiu, existe ou existirá? O *paraíso*, descrito na Bíblia, não é um lugar, mas é o estado de justiça, de paz, de fraternidade, de felicidade em que o homem deveria viver. Esse *paraíso*, como estado de justiça, paz e felicidade, não foi destruído, pois o projeto de Deus para o homem é que o mundo fosse um verdadeiro *paraíso*. Se a humanidade vivesse no amor, na partilha, é evidente que o *paraíso* seria real. Todavia, como lugar geográfico, nunca existiu e nem existe.

A narração sobre o *paraíso* na Bíblia é apenas um modo de escrever, é descrição do estado de felicidade total ou do

14

famoso *Shalom* – paz em hebraico. O objetivo do autor era mostrar a realidade dura de sua época, a questão da opressão, miséria e exílio. O projeto de Deus nada era daquilo que os homens de seu tempo viviam, mas era exatamente o contrário; daí a intenção do autor em mostrar, com seu escrito, que todo homem deve lutar para reconstruir o *paraíso* que Deus sempre quis. É o homem e a mulher quem constroem ou destroem o *paraíso*.

Se, de fato, o amor a Deus e ao próximo predominar sobre a violência e injustiça, já é o começo da reconstrução desse *paraíso*. No fundo, a existência do *paraíso* só é possível se houver a vivência do amor entre as pessoas e a harmonia com a natureza e os animais.

3.3. Adão e Eva

Quando se fala de *Adão* e *Eva*, isto quer dizer que Deus criou a humanidade, e a raça humana teve um começo, e não quisera dar nomes próprios, mas coletivos. *Adão* significa "aquele que vem da terra", a humanidade, o ser humano. *Eva* significa "aquela que dá a vida". Os nomes, então, querem dizer todo homem e toda mulher, e não só um casal. *Adão* é o pai dos viventes e *Eva* é a mãe dos viventes. Essas respostas estão na própria Bíblia. Se alguém admitir que *Adão* e *Eva* eram, respectivamente, só um homem e só uma mulher, ou um casal, como explicar que *Caim* mata *Abel* e está com medo de ser vingado pelo primeiro que o encontrar (4,14)? Ou como explicar que *Caim* se uniu à sua mulher (4,17)? O texto quer apenas dizer que Deus criou a humanidade e o ser humano, o homem e a mulher.

Qual foi o pecado de *Adão* e *Eva*?

Há muita gente que diz que o pecado de *Adão* e *Eva* foi de ordem sexual. Não é verdade, isto não está na Bíblia. Pelo contrário, a Bíblia diz que Deus criou o homem e a mulher e deu-lhes ordem para terem muitos filhos: "Sede fecundo e multiplicai-vos" (1,28). Portanto, a ordem para uma vida sexual entre eles é anterior ao pecado. Além do mais, Deus nada proibiu nesse sentido. O pecado de *Adão* e *Eva* foi da autossuficiência, do orgulho de desejarem ser como "Deus", para poder dominar e explorar o seu semelhante.

O que significa comer da "árvore do bem e do mal"?

A sabedoria e a Lei de Deus são comparadas, na Bíblia, às árvores. "Comer destas árvores" significa ter sabedoria, observar a Lei de Deus, ser sábio, viver. Esse é, pois, o sentido da ordem de Deus: de o homem poder comer de todas as árvores, inclusive da árvore da vida (2,16).

Mas o homem não aceita facilmente o que Deus lhe ordena, não crê na sua Palavra, quer ter a certeza, alcançar, por si mesmo, o conhecimento do bem e do mal, seguindo seus próprios critérios, deixando de lado a sabedoria e a Lei de Deus.

A essa experiência sempre amarga, a Bíblia chama de "comer da árvore do bem e do mal" (2,17; 3,5). Deus o proibira exatamente porque já dera ao homem a possibilidade de ser feliz, observando sua Lei, sendo fiel e sábio. Deus não quis e não quer o mal, mas o homem o quis e quer. Esse é o sentido de "não comer da árvore do conhecimento do bem e do mal".

A maçã, na Antiguidade, era símbolo da tentação. Na Bíblia, aparece que *Adão* e *Eva* comeram do fruto da árvore, mas não fala de maçã. No Gênesis, o fruto simboliza a "eterna tentação" do homem em não querer conhecer-se diante de Deus, mas querer comportar-se por si mesmo; não se submeter, mas escolher o próprio caminho, julgar ser a norma única e exclusiva para conhecer o bem e o mal. Comer desse fruto ou comer a "maçã" é deixar Deus e seguir a si próprio.

A *nudez* e o estar nu é a tomada de consciência do homem diante de Deus: ele está desarmado, envergonhado, desprevenido. O erro foi descoberto, percebido por Deus, era necessário cobrir com folhas, ocultá-lo. Antes do erro, o "homem e sua mulher estavam nus, porém não sentiam vergonha" (2,25). Agora, após o erro, "eles perceberam que estavam nus. Entrelaçaram folhas de figueira e fizeram tangas" (3,7).

A *serpente* (3) personifica aqui a tentação, aquela inclinação que todos nós temos para o mal. Para o autor, a causa de todo o mal é o próprio homem deixar ser levado por essa tentação, por essa má inclinação. Antigamente, a *serpente* era símbolo da religião de Canaã, país em que vivia o povo de Deus. Essa religião não tinha compromissos éticos, era religião mágica, praticava a "prostituição sagrada" como sinal de perenidade da vida. A *serpente* representava também o órgão sexual masculino, reprodutor da vida; era símbolo da política absolutista do *Faraó*, que se julgava um "deus" com discernimento absoluto, política adotada por *Salomão* em Israel.

Para finalizar esse tema, talvez seja necessário especificar o que vem a ser "prostituição sagrada". Esse termo aparece em 1Rs 14,24; 15,12; 22,47 etc.

Baal era adorado como "deus" em várias nações; era símbolo da fertilidade e da chuva. Os sacerdotes diziam que os camponeses que colhessem bastante alimento deveriam oferecer parte ao "templo para o deus *Baal*". Ora, eram escolhidas, no início das colheitas, várias moças que deveriam ficar no templo. Os trabalhadores da roça que mais oferecessem alimentos tinham privilégio de praticar a "prostituição sagrada", isto é, dormir com moças no templo, mas tudo isso não passava de exploração e mentira. O objetivo dos sacerdotes de Canaã e nações vizinhas era pegar para si os alimentos dos camponeses. Diziam que era o deus *Baal* que queria a "prostituição sagrada", vista como fertilidade.

Caim e *Abel* (4) são irmãos e representam a relação social segundo o projeto de Deus: a fraternidade em que cada um protege a vida do outro. Todavia, a autossuficiência pode introduzir o veneno da rivalidade e da competição que leva à morte. *Caim* é agricultor e representa a cidade. *Abel* é pastor e representa a roça. *Caim* mata *Abel*. A palavra "pecado" aparece pela primeira vez na Bíblia em Gn 4,7.

Esse texto da Bíblia, que é uma denúncia contra tudo aquilo que leva à morte, à violência e opressão, mostra que há muitas pessoas que matam seus irmãos por dinheiro, poder e ganância. O mundo de hoje também está cheio de pessoas que "matam" seus irmãos. Nosso Deus é o Deus da vida, da partilha, da solidariedade, e deseja que os homens vivam felizes, em paz e em harmonia com a natureza, as plantas e os animais.

3.4. O dilúvio (6—9)

Há indícios de que, de fato, o *dilúvio* aconteceu, mas não no mundo todo, e sim em determinada região; aconteceu não por causa das desavenças entre "deuses", como falam os mesopotâmios; não destruiu toda a humanidade, mas todos os homens da região atingida. A humanidade passa a ter um novo começo com *Noé* e seus filhos, que são descendentes de *Adão* e *Eva*. A Bíblia, porém, viu esse fenômeno como castigo de Deus para a humanidade depravada e viu também um modo de reafirmar a aliança do homem com Deus; mostra ainda o poder de Deus sobre a criação.

3.5. A Torre de Babel (11,1-9)

O objetivo dessa narrativa é explicar a causa de tantas línguas existentes no mundo. Segundo o autor, a causa de tantas línguas é fruto do orgulho do homem, o que faz com que a humanidade perca a unidade. *Babel* significa "confusão". É interessante notar que os homens querem construir uma torre para subir ao céu, e é Deus quem desce para ver o que eles estavam fazendo.

3.6. A História do Povo de Deus

3.6.1. A história de Abraão (12—25)

Sabemos que *Abraão* é considerado o "pai de nossa fé e do povo de Deus"; foi um homem capaz de sair de sua terra

(Ur, na Caldeia) em busca de uma nova terra, para formar um povo que adorasse o verdadeiro Deus.

Deus lhe promete uma grande descendência, mas ele já estava velho e ainda não tinha filhos. *Sara* era estéril e pediu ao marido *Abraão*: "Javé não me deixa ter filhos: una-se à minha escrava para ver se ela me dá filhos" (16,2). *Agar* concebe *Ismael*. Pela legislação antiga do Oriente, se uma mulher era estéril e desse sua escrava ao marido, o filho nascido da escrava era reconhecido como legítimo do casal. Ocorre que a promessa de Deus não falha, e *Abraão* com cem anos e *Sara* com noventa são surpreendidos com o nascimento de *Isaac* (cf. 21,1-7). Todavia, quando este completa certa idade, Deus pede a *Abraão* que sacrifique seu filho, isto é, que o mate em um altar como sacrifício (cf. 22,1-18). Será que Deus pediu isso mesmo?

Vale dizer que essa passagem bíblica é um modo de escrever e quer mostrar a fidelidade de *Abraão* para com Deus, e que Ele quer a vida e não a morte.

Devido a essa fidelidade, *Abraão* foi digno das grandes promessas feitas por Deus. Por outro lado, critica também o costume cananeu de sacrificar aos deuses os filhos primogênitos; Deus rejeita esse sacrifício, pois é um Deus da vida, e não da morte.

3.6.2. A história de Jacó (25—36.47—50)

Jacó era filho de *Isaac* e *Rebeca* e irmão gêmeo de *Esaú*. Era costume, na época, o pai, antes de morrer, abençoar o filho primogênito (mais velho) para que ele pudesse ser o senhor da casa, dos empregados e de outros bens. *Esaú* nasceu primeiro que *Jacó* e tinha direito de receber a bênção, mas *Jacó* engana seu pai e recebe a bênção (cf. 27,1-45); *Esaú* fica revoltado e promete vingança; *Jacó* foge para Harã e lá conhece e se apaixona por sua prima *Raquel*; diz a seu tio *Labão* que está disposto a trabalhar por sete anos de graça em troca de *Raquel*. E ele "estava tão apaixonado que os anos lhe pareceram dias" (29,20). *Labão*, no dia marcado, entrega sua filha. Era noite e ela usava um véu. Ao acordar no outro dia, *Jacó* viu que estava com *Lia*. Porém, o sogro lhe disse que daria sua outra filha *Raquel* por mais sete anos de trabalho, e ele aceitou. *Raquel* viu que era estéril e pediu ao marido: "Aqui está minha serva Bala. Una-se a ela, para que dê à luz sobre os meus joelhos. Assim terei filhos por meio dela" (30,3). No entanto, *Raquel* foi lembrada por Deus e teve um filho de nome *José*. *Jacó* sai da casa de *Labão* e quer voltar para a casa de seus pais. No caminho, "luta com Deus" – "você já não se chamará Jacó, mas Israel, porque você lutou com Deus" (32,23-33). *Jacó* segue para Seir, aonde vai encontrar-se com o irmão *Esaú*; temia a vingança e a morte, mas "Esaú, porém, correu ao seu encontro, abraçou-o, beijou e o apertou junto ao peito. E ambos começaram a chorar" (33,4). *Jacó* tinha uma filha com *Lia* de nome *Dina*. "Siquém, o filho do heveu Hemor, príncipe do país, tendo-a visto, tomou-a, dormiu com ela e a violentou." Acontece, no Gênesis, o primeiro "estupro", e os irmãos de *Dina* prometem vingança e matam todos os homens daquele país (cf. 34). *Jacó* constrói um santuário em Betel (cf. 35,1-15). *Raquel* morre ao dar à luz *Benjamim*.

3.6.3. A história de José do Egito (37—50)

Uma história belíssima no Antigo Testamento é a de *José do Egito*, filho de *Jacó*, concebido na sua velhice e o primeiro com *Raquel*; era amado pelos pais e tinha outros irmãos.

Fato curioso é o seu sonho (cf. 37,5-11), onde o sol, a lua e onze estrelas se prostravam diante dele. Seus irmãos ficaram com inveja e, um dia, quando *José* foi visitá-los em Dotain, eles disseram: "Aí vem o sonhador! Vamos matá-lo e jogá-lo num poço. Diremos que um animal feroz o devorou" (37,20). *Rúben*, o irmão mais velho, filho de *Jacó* com *Lia*, querendo salvá-lo, disse: "Não derramem sangue. Joguem o rapaz nesse poço do deserto, mas não levantem a mão contra ele" (37,22). Naquele mesmo dia, estava passando uma caravana dos ismaelitas, e os irmãos o venderam por vinte moedas de prata; pegaram a túnica de *José*, mataram um bode e molharam a túnica no sangue; levaram a túnica ao pai e disseram que uma fera o tinha devorado. "Jacó rasgou as vestes, vestiu-se de luto e chorou a morte do filho por muito tempo" (37,34).

José foi vendido para *Putifar*, ministro e chefe da guarda do Egito. Era trabalhador, honesto e teve a confiança e o respeito de todos. "José era belo de porte e tinha um rosto bonito. Passado algum tempo, a mulher do amo ficou de olhos caídos em José e lhe propôs: 'Durma comigo'" (39,6-7). *José* recusou-se a cometer tal ato; ela ficou revoltada e, um dia, quando *José* chegou, ela o agarrou e tirou-lhe as roupas. Porém, ele fugiu. Quando o marido chegou, ela inventou que *José*, o escravo hebreu, tinha tentado abusar dela e, como gritou forte, fugiu. *Putifar* ficou furioso e mandou buscar *José* e o colocou na prisão.

José tinha o poder de interpretar sonhos dados por Deus. Um dia, o *Faraó* teve um sonho e ninguém soube interpretar. No entanto, alguém lhe disse que havia, na prisão, um hebreu, de nome *José*, o qual tinha poder de interpretar sonhos. O *Faraó* mandou buscá-lo e falou sobre os seus sonhos, ou seja, sete vacas magras devoravam sete vacas gordas e sete espigas secas devoravam sete espigas bonitas...

> "José disse ao Faraó: 'Trata-se de um sonho único. Deus está anunciando ao Faraó o que vai realizar. As sete vacas bonitas e as sete espigas bonitas representam sete anos de fartura em toda a terra do Egito. As sete vacas magras e as sete espigas secas representam sete anos de fome'" (cf. 41,25-31).

José aconselhou o *Faraó* a colocar trigo e produtos agrícolas em armazéns para, no futuro, não morrerem de fome.

> "Então, o Faraó disse aos ministros: 'Poderão, por acaso, encontrar um homem como este, em quem esteja o espírito de Deus?' Então o Faraó disse a José: 'Visto que Deus revelou tudo isso a você, não há ninguém tão inteligente e sábio como você. Você será o administrador do meu palácio, e todo o povo obedecerá às suas ordens. Só pelo trono serei maior do que você'" (41,38-40).

Diz a Bíblia que *José* tinha trinta anos quando se apresentou diante do *Faraó* (cf. 41,46). Ora, ele fora vendido ao Egito com apenas dezessete anos. Pouco tempo se passou para ser preso. Portanto, ficou longos anos na prisão. *José* casa-se com *Asenet* e tem dois filhos: *Manassés* e *Efraim*.

Sete anos se passaram, sobreveio uma grande fome em muitos países. *Jacó* disse aos filhos: "Eu soube que no Egito há mantimentos para vender. Vão até lá e comprem mantimentos para nós, a fim de continuarmos vivos e não morrermos" (42,2). Os dez filhos vão para o Egito e lá se deparam com um homem todo poderoso, bem vestido e com colar de ouro; "José reconheceu os irmãos, mas eles não o reconheceram" (42,8). Tinha um intérprete entre eles. *José*, para pô-los à prova e ver se eles tinham mudado, vai dizer que eles são espiões e que devem ser presos; eles dizem serem honestos e que eram "doze irmãos, filhos de um mesmo pai, na terra de Canaã: o mais novo está agora com nosso pai e o outro desapareceu" (42,13); *José* pede para ver este "novo irmão", a fim de confirmar se estavam dizendo a verdade. Os alimentos acabam, e os irmãos voltam de novo ao Egito e levam consigo *Benjamim*; *José* pede para preparar um almoço em sua casa; quando viu *Benjamim*, "ficou comovido por seu irmão, e as lágrimas lhe vinham aos olhos. Entrou em seu quarto e chorou" (43,30).

Para testar seus irmãos, *José* mandou um de seus empregados colocar uma taça de prata no saco de trigo de um deles; depois do almoço, o soldado foi até o local onde estavam e disse que havia sumido uma taça de prata; eles disseram que eram inocentes e que jamais fariam isso. Acontece que a taça foi achada no saco de trigo de *Benjamim* e o soldado disse que ele ficaria no Egito como escravo. *Judá* implora a *José* e diz que o seu pai *Jacó* já está velho e que ama muito *Benjamim*, o filho de sua velhice com a mulher que tanto amava: *Raquel*; além disso, o pai morreria se algo de mal acontecesse ao filho que também tanto amava. *Judá* e todos os irmãos aceitam ser escravos no lugar de *Benjamim*. *José* percebe que seus irmãos mudaram e diz:

> "Eu sou José, o irmão de vocês, aquele que vocês venderam para o Egito. Mas agora não fiquem tristes nem se aflijam porque me venderam para este país, pois foi para lhes preservar a vida que Deus me enviou na frente de vocês. [...] Então José abraçou seu irmão Benjamim e chorou. Benjamim também chorou abraçado a ele. Em seguida, José cobriu de beijos todos os irmãos e, abraçando-os, chorava. Só então seus irmãos começaram a conversar com ele" (45,4-5.14-15).

Diante disso, *José* pediu a seus irmãos para que seu pai e toda a família viessem morar no Egito, a fim de não morrerem de fome. *José* foi ao encontro de seu pai e o abraçou, beijou e chorou. *Israel* (ou *Jacó*) disse a *José*: "Agora posso morrer, depois que vi você vivo em pessoa" (46,30). *Jacó* viveu alguns anos em Gessen, no Egito, e depois morreu. *José* continuou a viver no Egito com seus irmãos. Antes de morrer, pediu que seus ossos fossem levados para a terra que Deus prometeu; morreu com cento e dez anos (50,25-26).

Há uma parte dessa história muito discutida. Muitos dizem que a política agrária de *José* (cf. 47,13-26) não aconteceu e que foram pessoas, que tinham segundos interesses, como *Salomão*, que a teriam acrescentado para justificar a situação do povo e da terra, o empobrecimento e a escravidão. *Salomão* foi infiel a Deus, oprimiu e explorou o povo que não reagiu, pensando que "era Deus quem queria assim". Às vezes, são os "homens" quem querem assim, e não Deus.

SAIBA MAIS...

- Destruição de Sodoma e Gomorra, o primeiro relato de homossexualismo e as filhas de *Ló*, que ficam grávidas do pai (19).
- A história completa de *Dina* (34).
- A história de *Judá* e *Tamar* (38).

ÊXODO

1. Visão geral

Sabemos que o povo de Deus (Israel), devido a uma grande fome na região, veio para o Egito provavelmente quando *José* era vice-governador, de acordo com a Bíblia. No Egito, o *Faraó* era considerado filho da divindade e, portanto, herdeiro de todo o país; por "direito divino", tinha o poder, quer no campo político, quer social, econômico ou

religioso; dominava o povo e a terra; criava um grande sistema tributário (cobrança de impostos) e explorava os mais empobrecidos, além de ter sua mão de obra em troca da sobrevivência.

O povo, daquela época (mais ou menos 1500 a.c.), começou a entender que estava sendo escravo e gritou a Deus, que ouviu o seu clamor e colocou *Moisés* como um instrumento de libertação, o que aconteceu por volta de 1250 a.C.

Devemos estar atentos. Hoje, ainda, há governos e países que oprimem e exploram. Evidentemente que não são chamados de "Faraós", mas são os chamados de países de "primeiro mundo e desenvolvidos" – o "G-8" – que, para sustentarem seu nível de vida, exploram e oprimem outros países, reduzindo-os a condições de subdesenvolvimento. Em outras palavras: países ricos x países pobres. O povo de Deus não fazia distinção entre Fé e Vida, que caminhavam juntas; foi um povo que lutou junto com Deus; conseguiu a libertação e construiu sua história.

2. Divisão do livro

Podemos dividir o livro do Êxodo em quatro partes:
a) o sistema de escravidão, opressão e morte (1—2, 22);
b) a luta pela libertação e uma nova vida (2;23—13,16);
c) dificuldades da "passagem" e posse da Terra Prometida (13,17—18,27);
d) projetos de uma nova sociedade (19,1—40,32).

3. Explicando o Êxodo

A palavra Êxodo significa "saída", "libertação"; o livro descreve a saída da escravidão do Egito, a passagem pelo Mar Vermelho e também os Dez Mandamentos dados por Deus através de *Moisés*, no Monte Sinai; descreve, pois, a caminhada do povo ao longo de 40 anos pelo deserto. Com isso, o povo está caminhando com a proteção de Deus rumo à liberdade e à Terra Prometida.

3.1. A história de Moisés (2—6)

José morreu e um novo *Faraó* começou a governar e ordenou às parteiras matar todos os filhos do sexo masculino do povo hebreu, pois temia que esses futuramente dominassem seu império. Como continuava crescendo o povo hebreu, ordenou a todo o seu povo do Egito: "Joguem no rio Nilo todo menino que nascer; e se for menina, deixem viver" (1,22). *Moisés* também é colocado em um cesto e lançado ao rio, porém, no horário que a filha do *Faraó* se banhava, ela vê a criança chorando e pede a uma mulher "hebreia" para amamentá-lo. "Quando o menino cresceu, a mulher o entregou à filha do Faraó, que o adotou e lhe deu o nome de Moisés, dizendo: 'Eu o tirei das águas'" (2,10).

Ocorre que, um dia, *Moisés* tenta libertar um hebreu das mãos de um egípcio e, na briga, acaba matando-o. O *Faraó* tenta matar *Moisés,* que foge para o país de Madiã e lá se casa com *Séfora*. No episódio da sarça em fogo, faz uma experiência de Deus. Em um dos textos mais bonitos do Antigo Testamento, Deus (Javé – aquele que salva e liberta) diz:

> "Eu **vi** muito bem a miséria do meu povo que está no Egito. **Ouvi** o seu clamor contra seus opressores, e **conheço** os seus sofrimentos. Por isso, desci para **libertá-lo** do poder dos egípcios e para fazê-lo subir dessa terra para uma terra fértil e espaçosa, terra onde corre leite e mel, o território dos cananeus, heteus, amorreus, ferezeus, heveus e jebuseus. O clamor dos filhos de Israel chegou até mim, e eu estou **vendo** a opressão com que os egípcios os atormentam. Por isso, **vá**. Eu envio você ao Faraó, para tirar do Egito o meu povo, os filhos de Israel" (3,7-10).

Moisés pergunta o nome de Deus e Ele responde: "Eu sou aquele que sou" (3,14). *Moisés* torna-se o líder escolhido para libertar o seu povo da escravidão, mas o *Faraó* não quis libertar os hebreus. Deus, através de *Moisés*, enviou então as famosas *pragas* (7—12,34):

a) conversão das águas do rio Nilo em sangue (7,14-24);

b) invasão de rãs nos rios e nas casas (7—8, 11);

c) onda de mosquitos (8,12-15);

d) ataque de moscas venenosas (8,16-28);

e) peste do gado (9,1-7);

f) úlceras nos homens e animais (9,8-12);

g) chuva de pedra (9,13-35);

h) invasão de gafanhotos (10,1-20);

i) trevas no país (10,21-27);

j) a morte dos primogênitos (12,29-34).

São Jerônimo nos fala de uma "festa de apresentação dos primogênitos" às divindades, festa tradicional no calendário religioso do Egito, e que teria havido um terremoto, destruindo os templos e matando os primogênitos. Será? Seja como for, uma coisa é certa: Deus (Javé) agiu na história de libertação do povo de Israel e isso é real.

3.2. Passagem pelo Mar Vermelho (14)

Mar Vermelho é a tradução grega do hebraico *yan-suf,* que significa "mar das taboas", num local mais raso do mar.

A passagem pelo mar num lugar mais raso, ao que tudo indica, aconteceu; foi um dos passos fundamentais no processo de libertação. Tal passagem foi, de fato, perigosa e tomada como símbolo dos perigos encontrados pelo povo na caminhada para o deserto, onde havia vários povos inimigos.

O mar, na Bíblia, sempre foi visto como símbolo de perigo. O que o texto quer dizer é que Deus esteve ao lado do povo nos mais diversos perigos. Essa "passagem" pelo *Mar Vermelho* (14,15-31) também ficou conhecida como "Páscoa" – passagem da escravidão para a vida e a liberdade, e é uma festa muito importante para os judeus.

3.3. Os dez mandamentos (20,1-17)

Os *dez mandamentos* foram dados por Deus, porque é Ele mesmo quem está à base deles; são eles um modo de se comportar, de se comprometer em relação a Deus e ao próximo; expressam a vontade salvífica de nosso Criador:

1º "Não terás outros deuses, ante a minha face".

2º "Não pronunciarás em vão o nome de Javé, teu Deus".

3º "Lembra-te do dia de sábado, para santificá-lo".

4º "Honra teu pai e tua mãe".

5º "Não matarás".

6º "Não cometerás adultério".

7º "Não furtarás".

8º "Não darás depoimento falso contra o teu próximo".

9º Não cobiçarás a mulher do teu próximo".

10º "Não cobiçarás a casa de teu próximo, nem sua serva, nem seu boi, nem coisa alguma que lhe pertença".

Jesus Cristo se refere várias vezes a esses mandamentos, conforme podemos observar em Mt 19,16-17; 22,36-40 etc.

SAIBA MAIS...

- Sobre a Páscoa (12).
- Sobre o maná (16,12-35); em Nm 11,7-8, temos: "o maná era parecido com a semente de coentro e tinha aparência de resina. O povo se espalhava para juntá-lo e o esmagava no moinho ou moía no pilão; depois cozinhava numa panela e fazia (pão ou) bolos".
- Água que sai da pedra (rocha) (17,5-7).
- Detalhes dos dez mandamentos (19—20,21).
- Lei do Talião (21,18-27).

LEVÍTICO (LEIS)

1. Visão geral

Levítico provém do nome de Levi, a tribo de Israel que foi escolhida para exercer a função sacerdotal no meio do seu povo.

Ainda hoje muito se comenta quanto aos sacrifícios antigos.

> "Em todas as religiões, o sacrifício é uma tentativa de entrar em relação mais íntima com a divindade; por isso a história das religiões o estudou essencialmente sob três pontos de vista: o sacrifício enquanto **"dom"** oferecido à divindade; o sacrifício operando uma **"comunhão"** com a divindade; o sacrifício visando a uma **"expiação"** dos pecados e ao perdão por parte da divindade".[4]

Embora situado logo após o Êxodo e atribuído de forma errônea a *Moisés*, o livro do Levítico, na verdade, teve sua redação final no exílio da Babilônia (586-538 a.C.).

Por detrás da repetição monótona das leis, podemos descobrir o ideal que foi proposto ao povo que tinha sido libertado da escravidão do Egito e que tinha sido libertado do exílio na Babilônia. O povo reconhecia Deus como liber-

---

[4] BÍBLIA Tradução Ecumênica (TEB). São Paulo: Loyola, 1994, p. 156.

tador e oferecia seus sacrifícios de dom, comunhão e perdão dos pecados. Acima de tudo, porém, está a exigência de ser coerente na aliança: ser santo como o próprio Javé é santo (cf. 19,2); essa santidade não consiste apenas em oferecer um culto minucioso ou sacrifícios, mas em viver a justiça e o amor de Javé nas relações concretas. E é dessa concepção de santidade que sai o mandamento fundamental de toda a ética: "Ame o seu próximo como a si mesmo" (cf. 19,18).

2. Divisão do livro

O livro do Levítico divide-se em:
   a) ritual dos sacrifícios (1—7);
   b) cerimônias de investidura dos sacerdotes (8—10);
   c) normas referentes ao puro e impuro e expiação (11—16);
   d) lei da santidade (17—26);
   e) normas gerais (27).

3. Explicando o Levítico

O livro do Levítico fala de sacrifícios, holocaustos e oblações. De acordo com as explicações da Bíblia Pastoral,[5] temos:
   — *sacrifício*: é um ato pelo qual o homem oferece a Deus algo que ele estima muito, tornando-o sagrado; tal generosidade atinge o máximo quando alguém sacrifica a si mesmo, em vista de outra pessoa (1—7);

— *o sacrifício de comunhão ou pacífico*: oferece a gordura e o sangue, relacionados aos mistérios da vida, para serem reservados a Javé, Senhor absoluto da vida; o resto do animal (boi, cordeiro, cabrito, ovelha...) era consumido pelos sacerdotes e pelas famílias; o sacrifício terminava com a refeição, sinal da amizade de Deus com o homem (3);

— *o sacrifício pelo pecado*: era oferecido o sangue do animal, que era símbolo da vida e tinha a força de perdoar os pecados; esse sacrifício foi abolido com a morte e pelo sangue de Jesus que morreu pelos nossos pecados; o sangue é vida do animal e, no sacrifício, representava a vida da pessoa que o oferecera (4—5);

— *o holocausto*: é um sacrifício no qual a vítima é queimada completamente e sobe ao céu em forma de fumaça; trata-se de um gesto de homenagem, gratidão e súplica a Javé; a *imolação* é um talho que se faz no pescoço da vítima para tirar-lhe o sangue (1);

— *a oblação*: é própria de uma cultura agrária (de roça) e consiste em oferecer alimentos e não animais; as *primícias* são os primeiros frutos que são oferecidos a Deus porque são os melhores (2).

Uma outra maneira de pedir perdão pelos pecados é a seguinte:

> "Depois de fazer a expiação do santuário, da tenda da reunião e do altar, Aarão mandará trazer o bode vivo. Colocará as duas mãos sobre a cabeça do bode e confessará sobre ele todas as culpas, transgressões e pecados dos filhos de Israel.

> Depois de colocar tudo sobre a cabeça do bode, mandará o animal para o deserto, conduzido por um homem para isso preparado. Assim, o bode levará sobre si, para uma região deserta, todas as culpas deles. Quando tiver soltado o bode no deserto" (16,20-22).

É o famoso "bode expiatório", termo utilizado ainda hoje referindo-se a alguém inocente que leva a culpa de outros.

Jesus Cristo morreu numa cruz e derramou o seu sangue para perdoar os nossos pecados, e hoje temos o sacramento da reconciliação ou confissão (Jo 20,22-23), conforme muitos dizem.

3.1. A lei do puro e do impuro (11—15)

Era uma lei terrível e que causou tantos sofrimentos no povo do Antigo Testamento, de um modo ainda mais intenso após *Esdras* e *Neemias* (538-400 a.C.). *Puro* era a pessoa sem "pecado" e que tinha plenas condições de participar do culto e estar próxima de Deus. *Impuro* era a pessoa que devia ser excluída de participar do culto a Deus; tem mais sentido de um ato físico do que condição moral. Para ser *impuro*, bastava ingerir alguns alimentos, como, por exemplo, carne de porco, ter lepra, tocar em mortos ou em algumas atividades sexuais.

Para que se tenha uma ideia ainda mais clara sobre a questão da impureza, vamos citar alguns exemplos:

— "Se uma mulher conceber e der à luz um menino, ficará impura durante sete dias e, se der à luz a uma menina, ficará impura por quatorze dias" (12,1.5).

— "Quem for declarado leproso, deverá andar com as roupas rasgadas e despenteado, com a barba coberta e gritando: 'Impuro! Impuro!' Ficará impuro enquanto durar sua doença. Viverá separado e morará fora do acampamento" (13,45-46).

— "Quando um homem tiver polução, deverá tomar banho e ficará impuro até à tarde. Quando uma mulher tiver relações com um homem, os dois deverão tomar banho e ficarão impuros até à tarde. Quando uma mulher tiver sua menstruação, ficará impura durante sete dias" (15,16.18-19).

— "Não se deite com um homem, como se fosse com mulher: é uma abominação. Não se deite com animal, pois você ficaria impuro. A mulher não se entregará a um animal, para ter relações sexuais com ele, pois seria uma depravação" (18,22-23).

Até Jesus vai criticar essa lei que oprimia o povo de sua época ao dizer:

> "Não é o que entra na boca que torna o homem impuro, mas o que sai da boca, isto torna o homem impuro. Pois é do coração que vêm as más intenções: crimes, adultério, imoralidade, roubos, falsos testemunhos, calúnias. Essas coisas é que tornam o homem impuro; mas comer sem lavar as mãos não torna o homem impuro" (Mt 15,11.19-20).

Encontramos também, no Levítico, esta passagem: "O sangue é a vida de todo ser vivo; foi por isso que eu disse aos filhos de Israel: 'Não comam o sangue de nenhuma espécie de ser vivo, pois o sangue é a vida de todo ser vivo e quem o comer será exterminado'" (17,14). O sangue era utilizado para fazer o rito de expiação sobre o altar e deveria ser utilizado só nesse sentido (17), mas isso não tem nada a ver com a questão da transfusão de sangue hoje, a qual serve para dar vida ao ser humano. Algumas doutrinas não permitem que seus fiéis recebam transfusão de sangue, pois entendem que nenhum *impuro* (aquele que recebeu sangue de uma outra pessoa) será salvo. Essa visão "fundamentalista" demonstra uma falta de compreensão do verdadeiro significado bíblico e causa críticas na medicina atual.

SAIBA MAIS...

- Lei do Talião (24,17-20): "Fratura por fratura, olho por olho, dente por dente. A pessoa sofrerá o mesmo dano que tiver causado a outro".
- Leia um texto belíssimo (19,9-37), no qual as exortações se resumem: "Ame o seu próximo como a si mesmo".
- Lei do Resgate (25,23-43): o importante é a vida, a liberdade e a solidariedade. Bela lei. "A terra não poderá ser vendida para sempre, porque a terra me pertence. Se um irmão seu cai na miséria e precisa vender algo do patrimônio próprio, o parente mais próximo dele, que tem o direito de resgate, irá até ele e resgatará aquilo que o irmão tiver vendido. No jubileu, o comprador liberará a propriedade, para que este volte ao seu próprio dono. Se um irmão seu cai na miséria e não tem meios de se manter, você o sustentará, para que viva com você como imigrante ou hóspede. Não cobre dele juros."

NÚMEROS (RECENSEAMENTO)

1. Visão geral

Este livro denomina-se Números provavelmente porque começa com um grande recenseamento do povo hebreu ou para descrever o período de 40 anos que o povo passou no deserto; compreende um período de mais ou menos 1250 a.C. até a sua redação final, por volta do ano 400 a.C.

Como sabemos, o povo de Deus foi escravo no Egito; esse povo clama a Deus e, através de *Moisés*, começa uma marcha de 40 anos rumo à Terra Prometida. Esse período é simbólico, pois quer dizer que todos deveriam ser educados para a vida, para a partilha e para o amor, evidenciando-se com os dez mandamentos.

Diríamos que o deserto fosse um "tempo" necessário de sofrimentos, lutas, conflitos e de confiança em Deus que caminha com o seu povo, a fim de construir uma nova sociedade de justiça e solidariedade. A primeira geração, que saiu do Egito, não entrou na Terra Prometida, nem mesmo *Moisés* (cf. 20,12). Javé tinha dito em relação à primeira geração: "Morrerão todos no deserto e não ficará nenhum, além de Caleb, filho de Jefoné, e Josué, filho de Nun" (26,65) — povo novo e uma vida nova na Terra Prometida.

2. Divisão do livro

O livro é dividido em:
  a) recenseamento e povo no Sinai (1—10,10);
  b) caminhada pelo deserto (10,11—21);
  c) povo próximo ao Rio Jordão e Jericó (Moab), preparativos para tomar posse da Terra Prometida (22—36).

3. Explicando o livro Números

Não é um livro fácil de ser entendido; talvez seja um dos livros mais difíceis, devido a suas narrativas e contexto histórico; começa com um recenseamento e nele há várias normas e preceitos que relatam problemas e conflitos no período do deserto; descreve também vários sacrifícios e o que Deus (Javé) espera do seu povo:

— ritual de ciúmes em caso de suspeita de traição da mulher em relação a seu marido (5,11-31);

— a celebração da Páscoa (9,1-14);

— um texto curioso sobre as serpentes venenosas no deserto que picavam e muitos morriam. Javé pediu a *Moisés*: "Faça uma serpente venenosa e coloque-a sobre um poste; quem for mordido e olhar para ela, ficará curado" (21,8). Jesus se refere a esse texto: "Assim como Moisés levantou a serpente no deserto, do mesmo modo é preciso que o Filho do Homem seja levantado. Assim, todo aquele que nele acreditar, nele terá a vida eterna" (Jo 3,14-15).

> **SAIBA MAIS...**
>
> • *Bênção litúrgica*: O Senhor disse a Moisés: "Dize a Aarão e seus filhos o seguinte: Eis como abençoareis os filhos de Israel: o Senhor te abençoe e te guarde! O Senhor te mostre a sua face e conceda-te sua graça! O Senhor volta o seu rosto para ti e te dê a paz! E assim invocarão o meu nome sobre os filhos de Israel e eu os abençoarei" (6,22-27).

DEUTERONÔMIO (SEGUNDA LEI)

1. Visão geral

A palavra grega Deuteronômio significa "segunda lei". Trata-se de um livro importantíssimo do Antigo Testamento. Só para se ter uma idéia, é o terceiro livro mais citado no Novo Testamento, perdendo apenas para o Profeta *Isaías* e os *Salmos*.

De um modo geral, vai descrever várias leis deixadas por Deus, através de *Moisés*, bem como muitas outras leis, readaptadas a circunstâncias históricas em vista da posse da Terra Prometida, além de "leis" que serviram de base para a "volta do exílio" da Babilônia, entre 586-538 a.C.

Embora esse livro comece narrando diversos discursos de *Moisés* por volta de 1230 a.C., tudo indica que o seu período de formação ocorreu entre os anos 750-400 a.C.

2. Divisão do livro

De modo geral, podemos dizer que esse livro possui quatro partes:
- a) discursos de *Moisés* (1—11);
- b) códigos ou leis deuteronomistas (12—26);
- c) "bênçãos e maldições" (27—30);
- d) discursos finais e morte de *Moisés* (31—34).

3. Explicando o Deuteronômio

Tudo gira em torno da aliança entre Israel e Deus, ou seja, a fidelidade do povo em relação aos preceitos (leis) divinos — aqui entra a famosa profissão de fé ou oração que os judeus fazem até hoje: o *Shemá* (escutar, ouvir) — "Escuta, Israel! O Senhor, nosso Deus, é o Senhor que é UM. Amarás o Senhor, teu Deus, com todo o teu coração, com todo o teu ser, com todas as tuas forças. As palavras dos mandamentos que hoje te dou estarão presentes no teu coração; tu os repetirás a teus filhos; tu lhes falarás deles quando estiveres em casa e quando andares pela estrada, quando estiveres deitado e quando estiveres de pé" (6,4-7).

Outro ponto interessante nesse livro é a questão da liberdade e principalmente da conversão (mudança de vida).

"Veja: hoje eu estou colocando diante de você a vida e a felicidade, a morte e a desgraça. Se você obedecer aos mandamentos de Javé seu Deus, que hoje lhe ordeno, amando a Javé seu Deus, andando em seus caminhos e observando os seus mandamentos, estatutos e normas, você viverá e se multiplicará. Javé seu Deus o abençoará na terra onde você está entrando para tomar posse dela. Todavia, se o seu coração se desviar e você não obedecer, se você se deixar seduzir e adorar e servir a outros deuses, eu hoje lhe declaro: é certo que vocês perecerão! [...] Hoje eu tomo o céu e a terra como testemunhas contra vocês: eu lhe propus a vida ou a morte, a bênção ou a maldição. Escolha, portanto, a vida, para que você e seus descendentes possam viver, amando a Javé seu Deus, obedecendo-lhe e apegando-se a ele, porque ele é a sua vida e o prolongamento de seus dias" (30,15-20).

Há ainda uma infinidade de outras leis, principalmente no código deuteronomista (12—26), sendo algumas curiosas e "estranhas" para os dias de hoje. Leia:

a) filho rebelde (21,18-21);
b) suicídio (21,22-23);
c) roupas (e artigos) de homens e mulheres (22,5);
d) virgindade (22,13-21);
e) adultério (22,22-27);
f) estupro (22,28-29);

g) recém-casado (24,5);

h) justiça no trabalho (24,14-15) etc.

Todavia, uma lei fundamental no Antigo Testamento e que foi questionada até no Novo Testamento é a *Lei do Levirato ou Cunhado* (Dt 25,5-10), na qual o cunhado tinha de se casar com a viúva de seu irmão, ter um filho com ela e lhe dar o nome do irmão morto. Era a questão da descendência e de manter o "nome".

Outra lei dura no Antigo Testamento é a questão de *apedrejar* alguém até a morte. Isto ocorria:

— "Quem blasfemar contra o nome de Javé deverá morrer: será apedrejado por toda a comunidade" (Lv 24,16) – blasfemar é falar mal de Deus, comparar-se a Deus. Jesus disse: "Vereis o Filho do Homem sentado à direita do Todo-Poderoso e vindo sobre as nuvens do céu" (Mt 26,64). Isto foi considerado uma blasfêmia e os sumos sacerdotes o declararam "réu de morte" (Mt 26,66). Estêvão diz: "'Estou vendo o céu aberto e o Filho do Homem, de pé à direita de Deus'. Então eles deram fortes gritos, taparam os ouvidos e avançaram todos juntos contra Estêvão. Arrastaram-no para fora da cidade e começaram a apedrejá-lo" (At 7,56-58);

— filho rebelde que não obedece aos pais e não os ouve, que é devasso e beberrão, a sentença é: "E todos os homens da cidade o apedrejarão até que morra" (21,18-21);

— em caso de adultério: em que o homem e a mulher são pegos em flagrante tendo relações sexuais, a lei dizia: "Vocês levarão os dois à porta da cidade e os apedrejarão até que morram" (22,22-24). Em caso de estupro, só o homem deverá ser morto, desde que a mulher tenha gritado por socorro (cf. 22,25-27).

Essa lei do apedrejamento e morte teve seu fim com Jesus:

> "Chegaram os doutores da Lei e os fariseus trazendo uma mulher que tinha sido pega cometendo adultério. Eles colocaram a mulher no meio e disseram a Jesus: 'Mestre, essa mulher foi pega em flagrante cometendo adultério. A Lei de Moisés manda que mulheres desse tipo devem ser apedrejadas. E tu, o que dizes? Eles diziam isso para pôr Jesus à prova e ter motivo para acusá-lo. Então Jesus inclinou-se e começou a escrever no chão com o dedo. Os doutores da Lei e os fariseus continuaram insistindo na pergunta. Então Jesus se levantou e disse: 'Quem de vocês não tiver pecado, atire nela a primeira pedra'" (Jo 8,3-7).

SAIBA MAIS...

- Leia na íntegra: Dt 25,5-10 e compare com o que Jesus disse em Mateus 22,23-33.
- Sobre as bênçãos e maldições (27—30).
- Morte de Moisés (34).
- Lei do divórcio (24,1-4); Jesus respondeu: "Moisés permitiu o divórcio, por causa da dureza do coração de vocês. Mas não foi assim desde o início" (Mt 19,8); leia Mt 19,1-9.

Segunda parte

LIVROS HISTÓRICOS

1 E 2 CRÔNICAS

1. Visão geral

O nome, em hebraico, é *Dibêrê Hayyamim*, isto é, "fatos dos dias" ou "fatos da história". No texto em grego, é chamado de *Paralipômenos*, o que se refere às coisas omitidas, o que ficaria sem sentido. A partir de São Jerônimo (350-420), começou a ser chamado de *Crônicas*.

Foram escritas por volta de 300 e 200 a.C.; o autor era provavelmente alguém que pertencia à classe sacerdotal-levítica e pode ser também o mesmo autor de *Esdras* e *Neemias*. Os principais comentários das Bíblias Pastoral, Jerusalém e TEB confirmam essa informação.

2. Divisão dos livros

Como sempre, há certas controvérsias da maneira pela qual se dividem esses livros. Uns até dizem que é um livro só. Outros que *Crônicas, Esdras* e *Neemias* formam um único bloco. Seguindo a divisão, conforme a Bíblia TEB,[n] teremos:

a) 1Cr 1—9: listas genealógicas desde *Adão* até *Davi*;

b) 1Cr 10—29: reinado de *Davi*;

c) 2Cr 1—9: reinado de *Salomão*;

d) 2Cr 10—36: história do reino de Judá, desde a morte do Rei *Salomão* até o exílio da Babilônia.

Bíblia Tradução Ecumênica (TEB), São Paulo, Loyola, 1994, p. 1439.

OS LIVROS HISTÓRICOS

Os LIVROS HISTÓRICOS ocupam a maior parte do Antigo Testamento. Neles encontramos a história do povo de Deus, desde a entrada na Terra Prometida (*Josué*) até quase a época de Jesus Cristo, por ocasião do domínio grego (*1 e 2 Macabeus*).

É interessante notar que, nesses livros, não encontramos apenas uma crônica dos fatos, mas uma interpretação dos acontecimentos a partir da fé. Deus se revela aos homens através dos acontecimentos. Podemos dividir esse conjunto em três grupos:

1º) *Josué, Juízes, 1 e 2 Samuel, 1 e 2 Reis*: mostram que a história de Israel depende da atitude que o povo toma na aliança com Deus. Se o povo é fiel à aliança, Deus concede a bênção, que se traduz no dom da terra e na prosperidade. Se o povo é infiel, atrai para si mesmo a maldição que se concretiza como fracasso e perda da terra. Lembrando que, no Antigo Testamento, terra é igual vida.

2º) *1 e 2 Crônicas, Esdras e Neemias, 1 e 2 Macabeus*: procuram dar as normas básicas para a sobrevivência e organização do povo de Deus depois do exílio da Babilônia (*Esdras* e *Neemias*) e da reconstrução do templo em Jerusalém. Para fundamentar essas normas, eles representam a própria história do povo desde o seu início (*1 e 2 Crônicas*). Os livros dos *Macabeus* mostram a resistência heroica do povo de Israel contra a dominação grega — uma luta para manter a fé, os costumes e a identidade do povo de Deus.

3º) *Rute, Tobias, Judite, Ester*: mais do que história propriamente dita, esses livros se apresentam como modelos de vivências da fé diante das dificuldades da vida, percebendo-se claramente a proteção de Deus. São livros que descrevem a realidade sofrida e, muitas vezes, as bênçãos de Deus e a vitória sobre diversos males.

Estudaremos agora cada um desses livros e o que eles têm a nos dizer para a nossa vida de hoje.

JOSUÉ

1. Visão geral

Os acontecimentos narrados nesse livro situam-se por volta de 1230 e 1200 a.C.

Josué é sucessor de Moisés e o encarregado de conduzir o povo para tomar posse da Terra Prometida (Canaã). Na Bíblia Hebraica (dos judeus), *Josué, Juízes, 1 e 2 Samuel* e *1 e 2 Reis* são chamados de "profetas anteriores" e os outros livros proféticos — *Isaías, Jeremias, Ezequiel* etc. — são chamados de "profetas posteriores".

Ao que tudo indica, os livros acima citados foram escritos pela Escola Deuteronomista, onde os escribas narram os acontecimentos de 1230 (posse da Terra Prometida) até 538 a.C. (final do exílio da Babilônia). A redação final ocorreu por volta de 540 a.C.

O centro desse livro é a questão da posse da terra, vista na Bíblia como fonte de *vida* e, ao mesmo tempo, como *dom de Deus*. A Terra pertence a Deus e é sagrada por produzir alimentos, gerar vida e ser local de moradia.

2. Divisão do livro

De modo geral, pode ser dividido em três partes:
a) a questão da luta pela conquista da Terra (1—12);
b) a questão da partilha da Terra (13—21);
c) exortações finais e morte de Josué (22—24).

3. Explicando o livro de Josué

Narra a história que não é a força ou a inteligência humana, muito menos o poder das armas que torna realidade a vitória sobre os inimigos e a posse da terra, e sim é Deus (Javé) quem entrega ao povo a Terra Prometida a seus antepassados.

Mas podemos perguntar: como foi que o povo de Israel conquistou essa terra?

Há três hipóteses sobre esse assunto:

"1. Conquista Global e Violenta — é a hipótese tradicional, em que Canaã foi conquistada pelas doze tribos (Rúben, Gad, Manassés/Caleb, Judá, Efraim, Benjamim, Simeão, Zabulon, Issacar, Aser, Neftali, Dã), unidas sob a Chefia de Josué, que as liderou numa invasão e captura militar de todo o território, tal qual relata em Js 1—12.

2. Imigração Progressiva e Pacífica — o que, à primeira vista, se apresentou como conquista foi, na verdade, um longo e complicado processo de imigração, infiltração e mistura pacífica das tribos com a população cananeia.

3. Revolução Social — segundo ela, o que chamamos povo de Israel se formou em grande parte de nativos cananeus que, juntando-se aos marginalizados do sistema, ao grupo do êxodo de Moisés, se revoltaram contra os reis cananeus das cidades-Estados".[6]

Seja qual for a hipótese mais aceita — possivelmente a Revolução Social —, o fato é que o povo de Israel deveria ter um novo sistema de ser e agir nessa nova terra. Nada de opressão, acúmulos, riquezas exorbitantes ou escravizações como no Egito ou noutros países; o

---

[6] Cf. STORNIOLO, Ivo. *Como ler o livro de Josué*. São Paulo: Edições Paulinas, 1992, p. 23-24.

ideal seria o "Sistema Tribal", ao que tudo indica, entre 1200-1000 a.C., quando ninguém era dono da terra, e sim Deus, consequentemente não tinha latifúndios. O povo deveria "partilhar a terra e os seus bens produtivos", lutar pela justiça, igualdade e fraternidade. Tudo o que era produzido era partilhado; todos trabalhavam juntos e tinham acesso aos produtos da terra, ninguém acumulava, e tinham o necessário para viver bem e muito sobrava. Em outras palavras: não havia nem ricos, nem pobres, era uma sociedade igualitária, pelo menos em seu ideal, visto que, na prática, não aconteceu bem assim. As leis eram os mandamentos de Deus e as decisões eram tomadas pelos anciãos e em assembleia (cf. 24).

No capítulo 2, encontramos a história de *Raab*, a prostituta, a qual faz parte da genealogia do povo de Deus (Mt 1,5); até o capítulo 12, temos a questão da luta pela conquista da terra; nos capítulos 13 a 21, há o modo pelo qual foi partilhada essa terra; e nos capítulos 22 a 24, temos as exortações finais e morte de *Josué*. Na assembleia de Siquém, diante de todo o povo, *Josué* diz: "Eu e a minha casa serviremos o Senhor (Javé)" (24,15).

Ao ler o livro de *Josué*, uma passagem que nos chama a atenção é 10,12-15, a qual narra como *Josué* parou o Sol. Devemos entender que isso é um modo de falar.

"Copérnico (1543) foi o primeiro cientista que disse que o Sol era o centro do mundo e não a Terra. Teoria essa seguida por Galileu (1642). No sistema solar, é impossível que a Terra ou qualquer planeta pare em sua trajetória, isso provocaria um desastre cósmico. Esse fato de 'parar o sol' é porque uma grande chuva de pedra, acompanhada por nuvens escuras e muito vento, matou muita gente inimiga e o autor viu nesse fenômeno a mão poderosa de Deus (Javé) e usou o vento — *damam*, em hebraico —, no sentido de que o Sol e a Lua não apareceram devido à tempestade, ou seja, ficaram 'parados' diante da ação miraculosa de Deus em favor de seu povo. Essa cena mostra, pela primeira vez, segundo alguns autores, que Deus age na história em favor de seu povo Israel".[7]

SAIBA MAIS...

- A história de Raab e os dois espiões (2).
- A batalha de Gabaon, onde o sol "teria" parado (10,10-15).
- Cidades de refúgio (20).
- Morte de Josué e ossos de José (24,29-32).

---

[7] STRABELI, Frei Mauro. *Bíblia: perguntas que o povo faz*. São Paulo: Edições Paulinas, 1990, p. 77-78.

JUÍZES

1. Visão geral

O livro recebeu esse nome devido aos líderes responsáveis pela sociedade dos hebreus (israelitas), chamados de *Juízes*. Foi escrito, em partes, pela Escola Deuteronomista, e os capítulos 17—21 já são da tradição sacerdotal e após o exílio.

Os acontecimentos compreendem da posse da Terra Prometida (Canaã) (1200-1020 a.C.), no período chamado de sistema tribal, até quando Israel optou pela monarquia.

Os *Juízes* eram os encarregados pela política, economia, guerras (no sentido de defesa), e lutavam pela justiça e fidelidade a Javé (Deus). Na verdade, tivemos vários juízes e juízas, isto mesmo, juízas. Dentre elas, podemos destacar: *Débora* e *Jael*; e dentre os juízes, tivemos: *Sansão, Jefté, Gedeão, Samuel* e outros.

2. Divisão do livro

De modo geral, esse livro se divide em três partes:
a) introdução ao tema (1—3,6);
b) a história dos *Juízes* (3,7—16);
c) informações gerais (tribo de *Dã* e *Benjamim*) (17—21).

3. Explicando o livro dos Juízes

Explicar esse livro é um grande desafio. Há poucas informações do período chamado de sistema tribal, entre os anos 1200-1020 a.C. Foi, entretanto, um período que se procurou construir um sistema igualitário, com a terra partilhada, com mais justiça e solidariedade, onde não houvesse ricos x pobres e nem exploração.

As constantes guerras e o perigo de idolatria, ou seja, de adoração a outros deuses, principalmente a *Baal*, o deus cananeu da fertilidade, além dos costumes da "prostituição sagrada" e de muitos outros fatores, fizeram com que Javé suscitasse vários juízes e juízas.

Numa visão ampla, pode-se dizer que a geração revolucionária, que conquistou duramente a terra, tinha morrido. Surge uma nova geração e começa o *pecado*, depois vem o *castigo*, a *conversão* e a *libertação*. Ivo Storniolo[8] diz sobre isso:

— *pecado*: "Os Israelitas fizeram o que Javé reprova: prestaram culto aos ídolos, abandonando Javé, Deus de seus antepassados, que os tinha tirado do Egito. Foram atrás de outros deuses, deuses de povos vizinhos, e os adoravam, provocando Javé. Abandonaram Javé e prestaram culto a Baal" (2,11-13);

— *castigo*: "A ira de Javé se inflamou então contra Israel, e ele os entregou ao poder de assaltantes, que os despojaram e os venderam aos inimigos vizinhos, de modo que os Israelitas já não conseguiram resistir" (2,14-15);

— *conversão*: "Os madianitas reduziram Israel à miséria. Então os Israelitas clamaram a Javé" (6,6);

— *libertação*: "Então Javé fez surgir Juízes que libertaram os Israelitas dos assaltantes" (2,16). Os Juízes organizam o povo e o lideram na luta pela libertação.

---

[8] Storniolo, Ivo. *Como ler o livro dos Juízes*. São Paulo: Edições Paulinas, 1992, p. 20-23.

"Mais do que retrato de uma época, o livro dos Juízes é retrato de um processo, uma análise de como o povo aprende a fazer história. E fazer história é lutar para construir uma base nova para as relações sociais, modificando pela raiz a natureza da economia e da política. É certo que as tribos de Israel perseguiram a utopia da igualdade, e que esta só pode ser pensada a partir da justiça".[9]

Uma história contada até hoje e que desperta grande interesse é a história de *Sansão* (13—16).

Sansão era filho de *Manué*, da tribo de *Dã*, e morava em Saraá; sua mãe era estéril e um anjo de Javé lhe disse que ela ficaria grávida: "A navalha não será passada sobre a cabeça do menino, porque desde o seio da mãe ele será consagrado a Deus. É ele quem começará a salvar Israel do poder dos filisteus" (13,5). *Sansão* cresce e se apaixona por *Dalila*; esta queria saber qual era o seu segredo, o qual lhe dava tanta força na luta contra os seus inimigos, e um dia *Sansão* lhe conta: "A navalha nunca passou sobre a minha cabeça, pois sou consagrado a Deus desde o seio de minha mãe. Se cortarem meu cabelo, eu perderei a minha força. Ficarei fraco e serei como qualquer outro homem" (16,17); os chefes dos filisteus haviam prometido a *Dalila* mil e cem moedas de prata; imediatamente, ela conta o segredo a eles, que então furam os olhos de *San-*

---

[9] Storniolo, Ivo. *Como ler o livro dos Juízes*. São Paulo: Edições Paulinas, 1992, p. 56.

são e querem oferecê-lo, como sacrifício, ao deus *Dagon*. No templo desse deus, havia três mil homens e mulheres; *Sansão* invocou a Javé: "Por favor, Senhor Javé, lembra-te de mim. Dá-me forças mais uma vez, para que eu me vingue dos filisteus com um só golpe por causa de meus olhos" (16,28); *Sansão* tocou as duas colunas centrais, que sustentavam o templo, que veio a desabar, matando todos, e ele também morreu, depois de ter sido juiz em Israel por vinte anos.

Em relação a *Jefté* (11—12,7), sua história é que ele faz um voto ou uma promessa imprudente a Javé ao dizer: "Se entregares os amonitas em meu poder, então, quando eu voltar vitorioso da guerra contra eles, a primeira pessoa que sair para me receber na porta de casa pertencerá a Javé, e eu a oferecerei em holocausto" (11,31). Quem o recebe é justamente sua única filha. *Jefté* rasga suas vestes e chora e diz que "não pode voltar atrás". Sua filha diz ao pai: "Conceda-me apenas isto: deixe-me andar dois meses pelos montes, chorando com minhas amigas, porque vou morrer virgem" (11,37).

Era costume, em Israel, pensar que a mulher que não tivesse filho era "amaldiçoada" por Deus. Imagine o desespero e sofrimento de uma mulher que não tinha filhos por ser estéril ou por dificuldades do próprio homem.

Quanto à juíza *Débora* (4—5) e a *Jael*, que mata *Sísara*, a história mostra como a força, a coragem e a esperteza femininas são importantes na vida de um povo.

"Débora significa 'abelha', nome apropriado para essa mulher perspicaz e industriosa. Era Juíza em Israel e exercia a função de administrar o direito, vivendo nas montanhas de Efraim."[10]

SAIBA MAIS...

- Atenção: o Cântico de Débora (5) é um dos hinos mais antigo de todos os escritos bíblicos, por volta de 1200-1100 a.C.
- O livro dos Juízes fala da questão do poder, e uma fábula célebre, que critica àqueles que cobiçam o poder, está em Jz 9,8-15:

  "Certo dia, as árvores se puseram a caminho para ungir um rei que reinasse sobre elas. Disseram à oliveira: 'Reine sobre nós'.

  A oliveira respondeu: 'Vocês acham que vou deixar o meu azeite, que honra deuses e homens, para ficar balançando sobre as árvores?

  Então as árvores disseram à figueira: 'Venha você, e reine sobre nós'.

  A figueira respondeu: 'Vocês acham que vou deixar o meu doce fruto saboroso, para ficar balançando sobre as árvores?

  Então disseram as árvores à videira: 'Venha você, e reine sobre nós'.

---

[10] STORNIOLO, Ivo. *Como ler o livro dos Juízes*. São Paulo: Edições Paulinas, 1992, p. 44.

> A videira respondeu: 'Vocês acham que vou deixar o meu vinho novo, que alegra deuses e homens, para ficar balançando sobre as árvores?
> Então todas as árvores disseram ao espinho: 'venha você e reine sobre nós'.
> Então o espinho respondeu às árvores: 'Se vocês querem mesmo me ungir para reinar sobre vocês, venham e se abriguem debaixo da minha sombra...'".

RUTE

1. Visão geral

Há muitas dificuldades em estabelecer uma data precisa para o livro de *Rute*. Quem o escreveu se baseou numa história antiga da época dos *Juízes* (1200-1020 a.C.) para falar dos problemas do tempo em que vivia; ao que tudo indica, após o exílio, por volta de 450 a.C.

Curioso é observar que esse livro não se refere ao templo, nem aos sacerdotes e seus sacrifícios e nem faz menção à questão dos reis. Recebeu esse nome por se tratar de um personagem principal, de nome *Rute*, que era de Moab e estrangeira.

2. Divisão do livro

Por se tratar de um livro de apenas quatro pequenos capítulos e uma história, pode-se dizer que o capítulo 1 apresenta a situação da viúva *Noemi* e sua nora *Rute*, que vão para Belém, que significa "casa do pão". Os capítulos 2 e 3 mostram a luta pela sobrevivência e a busca pelos direitos, e o capítulo 4 mostra a importância da Lei do Resgate e Levirato.

3. Explicando o livro de Rute

Os personagens do livro de *Rute* trazem um sentido escondido no nome, o que revela o que a pessoa é e faz. Carlos Mesters[11] assim define:

— *Elimelec* (marido): significa "meu Deus é Rei";

— *Noemi* (esposa): significa "graça" ou "graciosa";

— *Mara* (outro nome): significa "amargura";

— *Maalon* (1º filho): significa "doença";

— *Quelion* (2º filho): significa "fragilidade";

— *Orfa* (1ª nora): significa "costas";

— *Rute* (2ª nora): significa "amiga";

— *Booz* (parente): significa "pela força";

— *Obed* (filho de Rute): significa "servo".

Esses nomes e seus devidos significados têm muita importância para a compreensão da mensagem e do que o autor quer-nos dizer.

A história de *Rute* é bem feita. Ela começa com a descrição da opressão em que vive o povo e termina com a des-

---

[11] O significado dos nomes e algumas ideias dessa explicação foram extraídos do livro de MESTERS, Carlos. *Como ler o livro de Rute*. São Paulo: Edições Paulinas.

crição do final feliz que o povo espera realizar. Entre a situação real — começo — e a situação ideal — do fim —, está a caminhada da reconstrução do povo.

Noemi e *Mara* (graça e amargura): se o povo é fiel a Deus recebe suas *graças*, mas se é infiel recebe *amargura*.

Maalon e *Quelion* (doença e fragilidade): Israel e Judá são simbolizados nesses dois filhos; eles tiveram a aliança com Deus, mas se esqueceram desse Deus que era o seu Rei e Senhor; andaram atrás de outros deuses e de outros senhores; por isso, foram ficando *doentes* e *frágeis*. De fato, os dois reinos, tanto o do Norte (Israel) como o do Sul (Judá), foram acabando-se até irem para o cativeiro, onde perderam sua fé, sua identidade, e acabaram morrendo.

O livro inicia-se descrevendo a família de *Elimelec*, o qual morre e também seus dois filhos *Maalon* e *Quelion*, ficando viúvas: *Noemi, Orfa* e *Rute*.

Naquela época, ficar viúva seria quase que sinônimo de fome, pois as mulheres não trabalhavam fora. Ser estrangeira, no caso de *Rute*, seria ainda pior, pois era desprezada. *Orfa* desiste de ir para Belém e dá as "costas", mas *Rute* é amiga e diz a *Noemi*: "Não vou voltar, nem vou deixar você. Aonde você for, eu também irei. Onde você viver, eu também viverei. Seu povo será o meu povo, e seu Deus será o meu Deus" (1,16).

O livro mostra que *Rute* parte para a luta a fim de ter um filho, casa, pão e, principalmente, vida. Isso se torna possível porque ela conhece *Booz*, que era parente próximo e tinha o direito de resgate.

Em Dt 24,19, há a seguinte lei: "Quando você estiver ceifando a colheita em seu campo e esquecer atrás um fixe, não

volte para pegá-lo: deixe-o para o imigrante, o órfão e a viúva". Como *Noemi* e *Rute* chegaram a Belém (casa do pão), por serem pobres e não terem o que comer, foram catar o restolho da colheita de um fazendeiro, *Booz*, que faz lembrar a ação de Deus em benefício de seu povo. *Rute* lhe agradece e diz: "O Senhor me tranquilizou e me falou ao coração" (2,13). Na Bíblia, "falar ao coração" é muito mais que só dizer umas palavras agradáveis, é a fala do amor que restaura e renova a vida por dentro.

No Antigo Testamento, a *Lei do Resgate* era muito importante e estabelecia duas coisas:

1. Quando alguém, por motivo de pobreza, era obrigado a vender sua terra, então seu parente mais próximo tinha obrigação de resgatar essa terra, isto é, devia comprá-la de volta, não para si, mas para o parente pobre que corria o perigo de perdê-la (Lv 25,23-25).

2. Quando alguém, por motivo de pobreza, era obrigado a vender-se a si mesmo como escravo, então seu parente mais próximo tinha a obrigação de resgatar essa pessoa, isto é, devia pagar para que o irmão pobre pudesse reaver sua liberdade (Lv 25,47-49).

Esse próximo, em ambos os casos, era chamado de *Goêl*. *Goêl* é uma palavra hebraica que significa aquele que resgata, salvador, redentor, libertador, vingador.

O objetivo da *Lei do Resgate* era defender e fortalecer a família, como base da organização social. Por família, entendemos a "grande família", o mesmo que clã, grupo de famílias, comunidade. A *Lei do Resgate*, quando observada, impedia que alguém perdesse a sua liberdade e um outro se tornasse explorador dos seus irmãos. Ela estimulava a corresponsabilidade de todos pelo bem-estar dentro de uma mesma família ou comunidade. O *Goêl* era aquele que, na hora do aperto, vinha socorrer; era uma figura muito importante, sobretudo para os pobres que não dispunham de recursos para se defender. Por isso, *Noemi* louvou a Deus quando descobriu que *Booz* era seu parente, portanto *Goêl*. Surge uma luz, uma esperança, já não estava sozinha com *Rute*.

Uma outra lei presente no Antigo Testamento e muito importante era a *Lei do Levirato ou Cunhado*. Estabelecia o seguinte: no caso de um homem casado morrer, sem ter tido filhos, o irmão do falecido deveria casar-se com a viúva, e o filho que nascesse seria considerado filho não dele, mas do irmão falecido. O importante era a descendência (Dt 25,5-10).

Noemi e *Rute* querem alcançar de *Booz* a *Lei do Resgate*, mas, ao invés de irem ao tribunal, preferem fazer diferente: apelam para a esperteza, o encanto e a coragem. No tribunal, só os ricos venciam. Quando ele está dormindo, *Rute* deita ao seu lado e diz: "estenda seu manto sobre mim, porque você tem direito de resgate" (3,9); ele aceita e daí nasce *Obed* (servo). Porém, só a *Lei do Cunhado* — ter um filho, mas sem terra e pão — não resolvia; ter terra e pão, sem filho, também não era a solução; daí fica claro que as duas leis (*Resgate/Levirato*) deviam caminhar juntas.

SAIBA MAIS...

- Leia todo o livro de Rute.
- O Evangelista São Mateus, em sua genealogia, coloca Rute como bisavó do Rei Davi: "Booz,

com Rute, foi o pai de Obed; Obed foi o pai de Jessé; Jessé foi o pai de Davi" (Mt 1,5-6).

- Outro fato que envolve costumes em Israel se refere à sandália: "Antigamente, quando se faziam resgates ou trocas em Israel, havia este costume: para dizer que o negócio estava garantido, a pessoa tirava a sandália e a entregava ao parceiro. Era assim que se fechava um negócio em Israel" (4,7).

OS LIVROS DE SAMUEL

1. Visão geral

Os livros de *Samuel* descrevem vários acontecimentos importantes na vida e na história de Israel. Seu período histórico se situa por volta de 1040 até 971 a.C.

De um modo geral, discorrem sobre a questão política, econômica, religiosa e outras questões sociais que envolvem o período do sistema ou confederação tribal e sua passagem para a monarquia, bem como o perigo desse sistema para a vida do povo.

Ao que tudo indica, eles foram escritos pela Escola Deuteronomista e sua redação final ocorreu por volta de 540 a.C.

2. Divisão dos livros

Eles compreendem alguns núcleos:

a) "O primeiro núcleo está em 1Sm 1—7, centrado na figura de Samuel e da Arca da Aliança.

b) O segundo núcleo aparece em 1Sm 8—15, centrado na figura de Saul, o primeiro rei de Israel.

c) O terceiro núcleo vai de 1Sm 16 a 2Sm 1, relatando a ascensão de Davi ao trono de Israel.

d) O quarto núcleo compreende 2Sm 2—24, apresentando a formação do Estado unificado sob Davi, e alguns apêndices".[12]

3. Explicando os livros de Samuel

A história de *Samuel* (*Shem-El*) — "o nome de Deus" ou "o Nome (de Deus) é *El*" — é muito bonita e descreve a transição entre o sistema tribal para o sistema da monarquia.

Elcana tinha duas mulheres: *Fenena*, que tinha filhos, e *Ana*, que era estéril ou, utilizando uma linguagem muito comum na época: "Javé tinha fechado seu ventre" (1Sm 1,5). A concepção era que só Deus poderia dar a vida; se uma mulher era estéril e não tinha filho,

---

[12] STORNIOLO, Ivo; BALANCIN, Euclides M. *Como ler os livros de Samuel.* São Paulo: Edições Paulinas, 1991, p. 8.

era uma mulher "amaldiçoada" por Deus no costume da época.

No santuário de Silo, na amargura de sua alma, *Ana* orou e chorou muito diante de Deus e fez um voto:

> "Javé dos Exércitos, se quiseres dar atenção à humilhação de tua serva e te lembrares de mim, e não te esqueceres da tua serva e lhe deres um filho homem, então eu o consagrarei a Javé por todos os dias de sua vida. Eli, que era sacerdote, pensou que ela estivesse embriagada, e Ana disse: Não, meu senhor. Eu sou uma mulher que sofre; não bebi vinho nem bebida forte. Derramo a minha alma perante Javé. Falei até agora porque estou muito triste e aflita. Eli disse: Vá em paz. Que o Deus de Israel conceda o que você lhe pediu" (cf. 1Sm 1,10-17).

Voltaram para casa, em Ramá, nas montanhas de Efraim, e "Elcana conheceu sua mulher Ana, e Javé se lembrou dela. Ana concebeu e, no devido tempo, deu à luz um filho a quem chamou Samuel" (1Sm 1,19-20). *Ana* agradece a Deus e faz um lindo cântico (cf. 1Sm 2,1-10). "Javé visitou Ana, e ela concebeu e deu à luz três filhos e duas filhas" (1Sm 2,21).

Uma expressão e um verbo dessa citação bíblica são importantes e têm significados diferentes para nós hoje:

— "Javé (Deus) dos Exércitos": pode estar ligado aos exércitos celestes, astros, anjos, ou todas as forças cósmicas, ou ainda Deus que está à frente dos exércitos de Israel. Essa expressão vai aparecer muitas vezes na Bíblia, principalmente nos Profetas;

— "conhecer" (*Elcana* conheceu sua mulher *Ana*): como pode um marido não conhecer sua mulher? Analisando até mesmo uma passagem do Novo Testamento, na Anunciação, quando Maria pergunta ao anjo: "Como é que vai acontecer isso, se eu não conheço homem algum?" (Lc 1,34), "conhecer", na Bíblia, de um modo especial no Antigo Testamento, é um conhecimento pleno, inclusive sexual.

O chamado de *Samuel* é belíssimo (cf. 1Sm 3,1-21):

> Deus o chama por três vezes (totalidade divina: Pai, Filho e Espírito Santo, ou Céu, Terra e Mar) e *Samuel* pensa ser *Eli* e vai até ele. *Eli* o orienta para responder se houver outro chamado: "Fala, Javé, pois o teu servo escuta". Pela quarta vez (totalidade humana: os quatro pontos cardeais — norte, sul, leste e oeste —, ou terra, ar, fogo e água), acontece o chamado e *Samuel* responde: "Fala, Javé, pois o teu servo escuta".

Todo o Israel soube que *Samuel* era "profeta de Javé" e foi o último juiz.

Outro fato importante nesse livro é a *Arca da Aliança* (1Sm 4—7).

> "Não sabemos ao certo o que a Arca devia conter nesse tempo; talvez as tábuas da Aliança com o decálogo (dez mandamentos). É interessante notar que essa Arca representava para os israelitas um verdadeiro sacrário da presença de

Javé e, por isso, era levada à frente dos exércitos quando saíam para lutar (1Sm 4,3)."[13]

Com o passar dos tempos, *Samuel* torna-se juiz "exemplar" em Israel, buscando o direito e a justiça; seus dois filhos — *Joel* e *Abias* — eram juízes em Bersabeia e "não seguiram o exemplo do pai, deixando-se levar pela ganância: aceitaram suborno e distorceram o direito" (1Sm 8,3).

O povo pede um rei e o sistema de monarquia. *Samuel* alerta todos do perigo de um sistema de monarquia (cf. 1Sm 8,11-18), ou seja, nele o rei tem autoridade máxima, exige tributos, mão de obra escrava, desapropriação de terras, exército, exploração etc., mostra que, com o poder central na mão do rei, o custo vai ser alto e é o povo que deverá pagar por isso. Com o sistema dos juízes, o povo não era oprimido e nem explorado. *Samuel* é, portanto, o último juiz e termina assim o sistema tribal, porque o povo pede um rei. Assim, em 1Sm 9—11, o rei é ungido em nome de Javé, o que parece contraditório, pois a monarquia seria um "mal necessário"?

Começa, então, o que chamamos de monarquia de Israel.

Saul se torna o primeiro rei, torna-se absoluto, dá a última palavra sobre todas as coisas e detém o poder e o destino do povo; guarda para si as riquezas, faz guerras, usa o poder para os próprios interesses e esquece os pobres.

A tarefa de um rei consistia em defender o povo dos inimigos e fazê-lo viver na justiça e no direito, pois Javé era o rei supremo, e lutar pela justiça e pelo direito era uma tarefa dada por Deus ao rei. Como sabemos, eles não cumpriam isso.

Davi, depois da morte de *Saul*, torna-se rei. Na escolha, Deus diz: "porque o homem olha as aparências, e Deus olha o coração" (1Sm 16,7).

Davi era um homem do povo e pastor, teve seus acertos e também erros, como:

> "Javé mandou o profeta Natã para falar com Davi. Natã se apresentou e disse a Davi: 'Havia dois homens numa cidade: um era rico e o outro pobre. O rico tinha muitos rebanhos de ovelhas e bois. O pobre tinha só uma ovelha, uma ovelhinha que ele havia comprado. O pobre a criava e ela foi crescendo com ele, com seus filhos, comendo do seu pão, bebendo de sua vasilha e dormindo em seu colo. Era como filha para ele. Ora, chegou uma visita à casa do homem rico, e este não quis pegar nenhuma de suas ovelhas ou vacas para servir ao viajante que o visitava. Então ele pegou a ovelha do homem pobre e a preparou para a sua visita'.
>
> Davi ficou furioso contra esse homem, e disse a Natã: 'Pela vida de Javé, quem fez isso merece a morte'. Então Natã disse a Davi: 'Pois este homem é você mesmo. Assim diz Javé, Deus de Israel: Eu ungi você como rei de Israel e lhe dei tudo. Porém, você

> assassinou Urias, o heteu, para se casar com a mulher dele e pecou'. Davi disse a Natã: 'Pequei contra Javé'. Então Natã disse a Davi: 'Javé perdoou o seu pecado. Você não morrerá'" (cf. 2Sm 12,1-13).

Outros pecados também aparecem ao longo dos livros de *Samuel*: em 2Sm 13, *Amnon* violenta a própria irmã, *Tamar*; *Absalão* mata *Amnon* para ter o direito de, no futuro, ser rei no lugar de *Davi*. Pela ganância ao poder, muitos são mortos. E hoje é diferente?

Por outro lado, é em 2Sm 7,12-16 que encontramos a profecia de *Natã* a respeito da permanência de linhagem davídica sobre o trono de Israel. "A dinastia e a realeza dele permanecerão firmes para sempre diante de mim; e o seu trono será sólido para sempre" (2Sm 7,16). Mateus inicia seu evangelho dizendo: "Livro da origem de Jesus Cristo, filho de Davi, filho de Abraão" (Mt 1,1).

Os livros de *Samuel* nos mostram, bem claro, que o poder vem de Deus e que os reis têm duas alternativas: ou ficam do lado dos pobres e servem suas necessidades e anseios, ou ficam com os poderosos e defendem os seus interesses.

SAIBA MAIS...

- Detalhe: na época, Deus disse a Samuel: "Enche de azeite (óleo) o teu chifre e vai!" (1Sm 16,1 – Bíblia de Jerusalém). O costume antigo era colocar óleo no chifre e ungir sacerdotes, profetas e reis.

"O sacerdote Sadoc pegou na tenda o chifre de óleo e ungiu Salomão" (1Rs 1,39). Antigamente, o povo via com bons olhos o "chifre".

- Compare o cântico de Ana (1Sm 2,1-10) com o cântico de Maria (Lc 1,46-56).
- Vocação de Samuel (1Sm 3).
- O perigo da monarquia e os direitos do rei (1Sm 8,11-18).
- A escolha de Davi como rei (1Sm 16).
- A luta entre Davi e Golias (1Sm 17,16-58).
- Romance de Davi com Betsabeia e morte de Urias (2Sm 11).

1 E 2 REIS

1. Visão geral

Os livros dos *Reis* abrangem acontecimentos que cobrem um período de mais de quatrocentos anos, desde o Rei *Salomão* (971 a.C.) até o Rei *Jeconias* (561 a.C.).

Ao que tudo indica, esses livros foram escritos pela Escola Deuteronomista e seus autores teriam escrito em pelo menos duas etapas: na época do Rei *Josias* (640-609 a.C.) e da geração exílica (586-538 a.C.); descrevem, de modo geral, a política, a economia, a religião e as ideologias existentes em Israel, tanto do Norte (capital Samaria) como do Sul ou Judá, cuja capital era Jerusalém.

2. Divisão dos livros dos Reis

É muito complicado querer dividir esses dois livros. A Bíblia TEB[14] coloca da seguinte maneira:

a) fim do reinado de *Davi* e do reinado de *Salomão* (1Rs 1—11);

b) cisma entre Israel do Norte e Sul/Judá, até o fim do reino de Israel do Norte (1Rs 12—2Rs 17) – aqui entram o ciclo de *Elias* (1Rs 17—2Rs 2) e o ciclo de *Eliseu* (2Rs 2—13);

c) do fim do reino de Israel do Norte ao fim do reino de Judá (sul) (2Rs 18—25).

3. Explicando os livros dos Reis

Não é preciso ir longe para poder explicar esses livros, basta dizer que, tratando-se de obter o poder, parece que "tudo", naquela época, era permitido. Começam com trapaças, intrigas e, na luta pelo poder, *Salomão* manda matar seu irmão mais velho *Adonias* (cf. 1Rs 2,25), mata também *Joab*, chefe do exército e troca o sacerdote *Abiatar* pelo sacerdote *Sadoc* (cf. 1Rs 2,34-35).

Salomão, durante um sonho, pede a sabedoria para governar e Deus diz: "Darei a você mente sábia e inteligente, como ninguém teve antes de você e ninguém terá depois" (1Rs 3,12).

---

[14] BÍBLIA Tradução Ecumênica (TEB). São Paulo: Loyola, 1994, p. 493-494.

O rei era também o encarregado de fazer justiça e ser o juiz.

Na questão da luta de duas prostitutas por um só filho, que tanto uma como a outra diziam ser a mãe daquele menino, o Rei *Salomão* pega uma espada e diz que vai "dividir" o menino em dois e dar a metade para cada uma delas. Uma grita imediatamente: "Meu senhor, dê a ela o menino vivo. Não o mate", e *Salomão* percebeu que esta era a mãe verdadeira (cf. 1Rs 3,16-28).

Engana-se quem pensa que *Salomão* foi um exemplo de rei, um sábio e justo; pelo contrário, explorou e oprimiu o povo, adorou outros deuses estrangeiros e desagradou ao Senhor.

Salomão governou de 971 até 931 a.C. e preocupou-se em aumentar seus funcionários, impôs um pesado imposto (tributo) sobre o povo e gastou fortunas com o exército, com seu palácio de luxo, com suas 700 mulheres e 300 concubinas (cf. 1Rs 11,3). E quem pagava a conta de tudo isso? O povo.

Mas podemos perguntar: *Salomão* não pediu sabedoria a Deus e não foi atendido?

Sim, foi atendido, só que a sede do poder, dos interesses próprios, e a cobiça invadiram seu coração e ele se esqueceu do povo, da justiça e do direito.

Para construir um templo, *Salomão* importou tecnologia e engenharia dos reis de Tiro e cedro do Líbano, impôs um sistema de mão de obra escrava e ainda cobrava impostos do povo; importava ouro, prata, marfim e pedras preciosas para embelezar Jerusalém, o templo e seu palácio.

Diante de tudo isso, qual era a situação do povo?

72

Era de pobreza e de escravo. O povo pagava pelo luxo do rei. Será que hoje é diferente quanto aos países ricos e países pobres?

Salomão criou uma escola, onde os escribas e sábios escreveram alguns livros da Bíblia, como: *Provérbios, Salmos, Jó* etc.

Depois de sua morte (931 a.C.), sobe ao poder seu filho *Roboão* que, então, pede conselho aos velhos que representam a consciência popular, e eles lhe dizem que a função da autoridade política é servir ao povo e ouvir seu clamor. Porém, os jovens da corte aconselham o contrário: aumentar a exploração e opressão a fim de não perder a autoridade sobre o povo. Daí começa um conflito generalizado e *Jeroboão* é proclamado rei pelas tribos do Norte, as quais têm Samaria por capital, e *Roboão* fica nas tribos do Sul (Judá e Benjamim). Acontece o cisma.

De todos os reis que governavam em Israel do Norte e do Sul, apenas *Davi* e mais dois, *Ezequias* e *Josias*, são considerados "bons", pois fizeram o que era agradável aos olhos do Senhor. Os demais são considerados "maus", pois não combateram a idolatria. Surgem, nessa época, os profetas que anunciam o projeto de Deus, denunciam as injustiças e defendem o povo da exploração dos reis; muitos deles foram mortos porque foram contra o sistema e os poderosos.

Relação dos reis que governaram em Israel, tanto no Norte como no Sul:[15]

---

[15] Baseado no livro de STORNIOLO, Ivo. *Como ler os livros dos Reis*. São Paulo: Edições Paulinas, 1992, p. 11-13.

ISRAEL (NORTE)

1. Jeroboão............................ 931/910

2. Nadab.............................. 910/909

3. Baasa 909/885

4. Ela.................................. 885/884

5. Zambri 884/874

6. Amri................................ 874

7. Acab 874/853

8. Ocozias............................ 853/852

9. Jorão 852/841

10. Jeú 841/813

11. Joacaz 813/797

12. Joás............................... 797/782

13. Jeroboão II...................... 782/753

14. Zacarias 753

15. Selum 753

16. Manaém 752/741

17. Faceias 741/740

18. Faceia 740/731

19. Oseias............................. 731/722

Queda de Samaria (fim de Israel ou reino do Norte).

JUDÁ (ISRAEL SUL)

Roboão......... 931/914

Abias............ 914/911

Asa............... 911/870

Josafá............ 870/848

Jorão............. 848/841

Atalia 841/835

Joás............... 835/796

Amasias........ 796/767

Ozias............ 767/739

Joatão 739/734

Acaz............. 734/727

Ezequias....... 727/698

Manassés...... 698/643

Amom.......... 643/640

Josias 640/609

Joacaz.......... 609/603

Joaquim........ 603 (domínio de Nabucodonosor)

598 (é assassinado Joaquim)

Jeconias 597

586: Queda de Jerusalém (fim de Judá, ou Israel do Sul — os israelitas são deportados para a Babilônia, onde tem o exílio de 586-538 a.C., os pobres ficam).

É impossível colocar aqui os feitos deste ou daquele rei, bem como sua origem, a idade, a duração do governo, e se foi "bom" ou "mau", conforme tenha ou não combatido a idolatria e centralizado o culto em Jerusalém.

Está também, nos livros dos *Reis*, a história do Profeta *Elias* e da viúva de Sarepta: ele pede um pão e ela diz ter só um pouquinho de farinha e um pouco de azeite ou óleo, e *Elias* diz: "A vasilha de farinha não ficará vazia e a jarra de azeite não se esgotará, até o dia em que Javé mandar chuva sobre a terra" (1Rs 17,14).

E, ainda, a questão do menino que estava morto e *Elias* pede a Javé a vida dele e consegue (cf. 1Rs 17,17-24).

Outra história importante é quando Javé diz a *Elias*:

> "Saia e fique no alto da montanha, diante de Javé, pois Javé vai passar. Então aconteceu um furacão que de tão violento rachava as montanhas e quebrava as rochas. No entanto, Javé não estava no furacão. Depois do furacão, houve um terremoto. Javé porém não estava no terremoto. Depois do terremoto, apareceu fogo, e Javé não estava no fogo. Depois do fogo, ouviu-se uma brisa suave. Ouvindo-a, Elias cobriu o rosto com manto, saiu e ficou na entrada da gruta" (1Rs 19,11-13).

Na brisa suave, *Elias* sentiu a presença de Deus.

Eliseu também faz oração a Javé para a cura de *Naamã*, que mergulha sete vezes no Rio Jordão e fica curado (cf. 2Rs 5).

Outra história surpreendente é a do Rei *Ezequias* que, ao ser avisado, pelo Profeta *Isaías*, filho de *Amós*, de que iria morrer,

faz uma linda oração: "Ah! Javé! Não te esqueças: eu procurei sempre andar na tua presença com toda a fidelidade e de coração limpo. Eu procurei fazer sempre o que era bom aos teus olhos" (2Rs 20,3), e começa a chorar. Deus diz, por *Isaías*, que havia escutado a oração do Rei *Ezequias* e viu suas lágrimas, e acrescenta ainda 15 anos a mais em sua vida (cf. 2Rs 20,6).

A história dos *Reis* se baseia em competições, lutas, sangue e morte. É a história do poder e da ambição, do poder pelo poder, da ganância e da corrupção.

Isso é vontade de Deus ou vontade humana?

Vimos, com clareza, que muitas coisas na Bíblia descrevem a maldade humana; mesmo que tentam justificá-la como "vontade de Deus", devemos ter senso crítico e distinguir o que é bom e vontade de Deus e o que pertence à maldade dos homens.

SAIBA MAIS...

- Salomão pede sabedoria para Deus (1Rs 3,4-15).
- O julgamento das duas mulheres que diziam ser a mãe verdadeira de um menino (1Rs 3,16-28).
- Elias e a viúva de Sarepta, o milagre do pão e da vida do menino (1Rs 17).
- Eliseu e a cura da lepra do Sírio Naamã (2Rs 5).
- Atalia, mulher que se tornou rainha e reinava no país (Judá) (2Rs 11,1-16).
- A reforma de Josias, o livro achado no templo e a Páscoa (2Rs 22—23,30).

1 e 2 Crônicas

1. Visão geral

O nome, em hebraico, é *Diberê Hayyamim*, isto é, "fatos dos dias" ou "fatos da história". No texto em grego, é chamado de *Paralipômenos*, o que se refere às coisas omitidas, o que ficaria sem sentido. A partir de São Jerônimo (350-420), começou a ser chamado de *Crônicas*.

Foram escritas por volta de 300 e 200 a.C.; o autor era provavelmente alguém que pertencia à classe sacerdotal-levítica e pode ser também o mesmo autor de *Esdras* e *Neemias*. Os principais comentários das Bíblias Pastoral, Jerusalém e TEB confirmam essa informação.

2. Divisão dos livros

Como sempre, há certas controvérsias da maneira pela qual se dividem esses livros. Uns até dizem que é um livro só. Outros que *Crônicas*, *Esdras* e *Neemias* formam um único bloco. Seguindo a divisão, conforme a Bíblia TEB,[16] temos:

a) 1Cr 1—9: listas genealógicas desde *Adão* até *Davi*;

b) 1Cr 10—29: reinado de *Davi*;

c) 2Cr 1—9: reinado de *Salomão*;

d) 2Cr 10—36: história do reino de Judá, desde a morte do Rei *Salomão* até o exílio da Babilônia.

---

[16] Bíblia Tradução Ecumênica (TEB). São Paulo: Loyola, 1994, p. 1439.

3. Explicando os livros das Crônicas

Há muitos que dizem e julgam desnecessária a leitura dos livros das *Crônicas*, argumentando que são repetições dos livros de *Samuel* e dos *Reis*. É inegável que, de fato, muitas coisas se repetem. Todavia, o autor desses livros, baseado em outras fontes, dá também outras informações.

Em 1Cr 1—9 temos as genealogias, e não é fácil ficar lendo esses dados de quem foi filho de quem, mas isso era muito importante na época para manter a identidade do povo e a fidelidade aos ensinamentos da Lei de Deus. Ao longo dos livros, a história do Reino do Norte não é contada, pois os samaritanos eram considerados inimigos dos judeus.

O cronista vive num período difícil da história do povo judeu; com o domínio grego, em 333 a.C., este povo corria o risco de perder sua identidade e sua cultura. Assim, o autor dedica-se, de corpo e alma, à reforma religiosa e moral, dirigindo-se, em primeiro lugar, aos sacerdotes e levitas, depois ao povo. Ele está ciente de que o fervor religioso já não é o mesmo e exorta todos à fidelidade ao templo e ao culto do Senhor. Duas palavras são essenciais e importantes ao longo das *Crônicas*: Templo e Culto.

Um dos fundamentos da teologia tradicional era a crença de que os descendentes de *Davi* seriam reis de Israel em todos os tempos. Os reis agora eram da cultura grega; antes tinham sido os Babilônios e Persas. O povo estava desanimado, não dava crédito à autoridade dos sacerdotes que estavam em Jerusalém e não se importava com o culto no novo Templo.

A intenção das *Crônicas* é mostrar o passado e os reis que fizeram reformas dos cultos e mostrar também que o culto atual, bem como o templo, têm legitimidade de Deus.

Após a genealogia, o autor dedica uma grande parte do seu livro ao Rei *Davi*, mostrando que foi ele quem organizou o culto e o templo. Depois ressalta a atividade de *Salomão* em relação ao culto. Para finalizar, conta a história do reino de Judá até o exílio, dando uma atenção especial aos reis que fizeram reformas no culto.

SAIBA MAIS...

- Sobre o primeiro ato de Davi como rei — Arca da aliança (1Cr 13).
- Sobre a inauguração do templo, em Jerusalém, por Salomão (2Cr 7).
- Sobre o modo de celebrar a Páscoa (2Cr 30).

ESDRAS E NEEMIAS

1. Visão geral

Os acontecimentos desses livros ocorrem entre 538 até 400 a.C., período que vai desde a volta do exílio da Babilônia até à reconstrução do templo em Jerusalém.

Ao que tudo indica, seu autor é o mesmo de *Crônicas*; tanto é verdade que formam um só conjunto, antes chamado de "história do cronista".

Esdras é um sacerdote e escriba, preocupado com o estudo e a fiel aplicação da lei divina, bem como com o culto e a identidade do povo de Deus. *Neemias*, um homem público, governador, que cumpre seus deveres, procura defender os pobres contra a exploração dos ricos.

Resumindo: poderíamos dizer que *Esdras* se ocupa mais da parte religiosa e *Neemias* da parte política e econômica; ocorre que, naquela época, não havia os limites que temos hoje, tanto a religião como a política se misturavam e constituíam praticamente uma unidade.

2. Divisão dos livros

Há controvérsias históricas na divisão desses livros, não vamos entrar nessa discussão. O fato é que parece ficar evidente que:

a) Es 1—6: descreve sobre a volta do exílio e o modo pelo qual reconstruíram o templo;

b) Es 7—10: descreve sobre a Lei, casamentos de judeus com "pagãos" e reformas de *Esdras*;

c) Ne 1—7: descreve a reconstrução de Jerusalém e atividades do Governador *Neemias*;

d) Ne 8—9: A Lei de Deus que foi lida em assembleia. "Todos os dias, do primeiro ao último, Esdras leu o livro da Lei de Deus. A festa durou sete dias e, no oitavo dia, foi feita uma assembleia solene" (Ne

8,18). Aqui temos as bases e, para muitos, a origem do judaísmo;

e) Ne 10—13: reformas de *Neemias* e outros assuntos.

3. Explicando os livros de Esdras e Neemias

Esdras inicia seu livro falando sobre o decreto de *Ciro*, rei da Pérsia, que ordena ao povo exilado voltar para Jerusalém a fim de reconstruir o templo e começar vida nova. Possivelmente, em 515 a.C., "Cheios de alegria, os israelitas, ou seja, sacerdotes, levitas e outros repatriados, celebraram a dedicação do Templo de Deus" (Es 6,16) em Jerusalém. "Esdras se havia dedicado a estudar a Lei de Javé, a fim de praticar e ensinar seus estatutos e normas em Israel" (Es 7,10). Ocorre que, nesse tempo, religião e política caminhavam juntas e "Quem não obedecer à lei do seu Deus, que é a lei do rei, será castigado rigorosamente, com morte ou exílio, multa ou prisão" (Es 7,26) — entra aqui a questão de Israel ser a "raça santa" (cf. Es 9,2), e vários homens casam-se com mulheres estrangeiras que habitam a chamada "terra impura" (cf. Es 9,11).

Resultado, algo terrível:

> "Fomos infiéis ao nosso Deus, casando-nos com mulheres estrangeiras, tomadas da população local (durante o exílio). Apesar disso, ainda há uma esperança para Israel. Nós nos comprometemos, com o nosso Deus, a despedir todas as mulheres estrangeiras e os filhos que tivemos com elas, conforme o

conselho do meu senhor e dos que observam o mandamento do nosso Deus. Que a lei seja cumprida!" (Es 10,2-3).

Estava, em jogo, a questão da "lei do puro e do impuro", muito embora esses conceitos se percam no tempo quanto a sua origem. *Esdras* vem reforçar tais conceitos. Será que essa lei era, de fato, uma lei de Deus? Ou uma lei de homens que diziam ser "de Deus"? Centenas e centenas de mulheres estrangeiras e seus filhos foram expulsos de Israel e muitos morreram de fome e de sede; outras mulheres ficaram excluídas e pobres. No entanto, devemos ter senso crítico e cuidado, pois nem tudo que os "homens" dizem ser "de Deus" é. Jesus comenta a questão da lei sobre o puro e impuro e diz:

> "Esse povo me honra com os lábios, mas o coração deles está longe de mim. Não adianta nada eles me prestarem culto, porque ensinam preceitos humanos. Não é o que entra pela boca que torna o homem impuro, mas o que sai da boca, isso torna o homem impuro. Então os discípulos se aproximaram e disseram a Jesus: 'Sabes que os fariseus ficaram escandalizados com o que disseste?' Jesus respondeu: não se preocupem com eles. São cegos guiando cegos" (cf. Mt 15,1-20).

Neemias começa seu livro descrevendo a questão da reconstrução de Jerusalém; fala sobre a leitura da Lei durante a festa das tendas que durou sete dias, das suas atividades como governador e de sua luta para manter o povo fiel à Lei de *Moisés* ou de Deus; entra também na questão de casamento com mulheres estrangeiras (cf. Ne 13,23-31), mas um capítulo que chama a atenção é Ne 5,1-13, pois fala sobre o processo de escravidão. Os chefes dos judeus estavam fazendo de escravos seus próprios irmãos judeus, o que era um absurdo, e até *Neemias* fica indignado com tudo isso.

O centro de preocupação desses dois livros foi a reconstrução do templo, da cidade de Jerusalém e o reagrupamento do povo que estava disperso e completamente alheio às suas tradições. Reconstrução da cidade, do templo e de todo o povo, o culto, a pureza e impureza são palavras essenciais para sua compreensão.

Para que o povo judeu mantivesse a sua identidade e pudesse sobreviver, era preciso uma rigorosa observância da lei; tão rigorosa que se esqueceram da misericórdia de Deus. As bases da reforma de *Esdras* e *Neemias*, juntamente com a instituição da Sinagoga, a atividade dos doutores da lei e o Sinédrio vão ser os alicerces do judaísmo.

Diante de tudo isso, só para encerrar, podemos questionar-nos uma afirmação de Jesus: "O sábado foi feito para o homem, e não o homem para o sábado" (Mc 2,27). O sábado aqui é sinônimo de Lei, ou seja, a lei foi feita para o homem e não o homem para a lei.

> **SAIBA MAIS...**
>
> - O decreto de Ciro, ordenando a volta dos exilados a Jerusalém (Es 1,1-4).
> - A questão da expulsão das mulheres estrangeiras com seus filhos (Es 9—10).
> - Os feitos de Neemias como governador (resumo) (Ne 13).

TOBIAS

1. Visão geral

O livro de *Tobias* é muito interessante em diversos aspectos: descreve a fé, os costumes, a ética, os mandamentos e a caminhada de Deus com o seu povo. O matrimônio tem um papel fundamental nesse livro porque, de fato, o casamento misto (judeus e estrangeiros) era muito questionado. Aqui vale salientar que escritos bíblicos dizem que o Rei *Salomão* só foi infiel a Deus em razão das suas mulheres estrangeiras, pois tinham outros deuses e costumes.

Vimos que *Esdras* e *Neemias* também criticam esse tipo de casamento e até pedem aos judeus para expulsarem suas mulheres estrangeiras e filhos. Por trás de tudo isso, estava o perigo da perda da identidade do povo judeu e de sua fidelidade aos ensinamentos de Deus.

Muito embora o livro de *Tobias* descreva uma história acontecida "no tempo de *Salmanasar*, rei da Assíria" (cf.

1,2), por volta do século VIII a.C., a verdade é que o autor se serviu de um tempo passado para poder transmitir uma mensagem aos judeus que viviam na diáspora ou dispersão, após o exílio da Babilônia.

Ao que tudo indica, esse livro, que também se enquadra no gênero "romance", foi escrito por volta do ano 200 a.C., quando os judeus estavam sob o domínio grego.

2. Divisão do livro

O livro de *Tobias* possui três partes:

a) 1—3: descreve a situação de sofrimento e luta pela fidelidade a Deus na diáspora;

b) 4—12: descreve a importância da providência de Deus, a fidelidade à lei e aos costumes e o casamento de *Tobias* e *Sara*;

c) 12—14: descreve a revelação de *Rafael* como anjo de Deus, o cântico de *Tobit* e conselhos diversos.

3. Explicando o livro de Tobias

De modo geral, pode-se dizer que:

> "depois do exílio da Babilônia (586-538 a.C.), muitos judeus passaram a viver fora da Palestina. É o que se chama de DIÁSPORA ou dispersão. A principal questão era manter a identidade judaica em terra estrangeira. Muitos judeus foram perdendo essa identidade e, aos poucos, adaptaram-se

completamente a outras culturas e religiões. Diante disso, surgiu também um movimento de retomada da identidade original do povo, com seus costumes, cultura e religião".[17]

A essência do livro de *Tobias* gira em torno da fidelidade do justo aos ensinamentos de Deus. A questão das obras de piedade do judaísmo é interessante nesse livro. Dentre outras passagens, temos:

"Meu filho, lembre-se do Senhor todos os dias. Não peque e nem transgrida seus mandamentos. Pratique a justiça todos os dias da vida, e jamais ande pelos caminhos da injustiça. Dê esmolas daquilo que você possui, e não seja mesquinho. Se você vê um pobre, não desvie o rosto, e Deus não afastará seu rosto de você. Escolha uma esposa que pertença à família de seus antepassados. De fato, o orgulho é causa de ruína e muita inquietação. A preguiça traz pobreza e miséria, porque a preguiça é mãe da fome. Não faça para ninguém aquilo que você não gosta que façam para você. Reparta seu pão com quem tem fome e suas roupas com quem está nu. Procure aconselhar-se com pessoas sensatas e bendiga ao Senhor Deus em todas as circunstâncias" (cf. 4,5-19).

---

[17] Storniolo, Ivo; Bortolini, José. *Como ler o livro de Tobias*. São Paulo: Editora Paulus, 1994, p. 8.

A história de *Tobias* é a seguinte: filho de *Tobit* e *Ana*, morava em Nínive (Assíria); seu pai sepultava os mortos e, um dia, ficou cego; a família começa a passar necessidades; lembrou-se de que tinha deixado na casa de *Gabael*, em Rages, Média, 300 quilos de prata; então, tenta arrumar um companheiro para ir com ele até lá e encontra *Rafael*, que diz ser *Azarias*; eles saem de viagem e o rapaz começa a ensinar remédios para *Tobias* e diz que *Raguel* tinha uma filha, de nome *Sara*, e ele era o parente mais próximo; chegando à casa de *Raguel*, são apresentados e bem recebidos, pois, entre os judeus, existia a lei da hospitalidade, a qual foi e é muito importante; mas *Tobias* não quis nem jantar e pede, de imediato, mesmo sem conhecer, *Sara* em casamento.

> "Então Raguel chamou sua filha Sara, que se apresentou. Ele a tomou pela mão e a entregou a Tobias, dizendo: 'Receba Sara. Conforme a Lei e a sentença que está escrita no Livro de Moisés, ela é dada a você como esposa. Receba-a e volte são e salvo para a casa do seu pai. Que o Deus do céu os acompanhe com a sua paz'. Então chamou a mãe da moça e mandou trazer uma folha de papiro. Escreveu o contrato de casamento, segundo o qual concedia a própria filha como esposa de Tobias" (7,13-14).

Já à noite, no quarto, *Tobias* chama *Sara* e lhe diz: "Levante-se, minha irmã! Vamos rezar e suplicar ao Senhor que nos conceda misericórdia e salvação" (8,4).

Voltaram para sua casa e os pais de *Tobias* ficaram felizes ao verem *Sara*.

Ao sepultar seu pai e sua mãe, *Tobias*, *Sara* e os filhos vão morar no país da Média e enterram os pais de Sara. Isto para dizer que sepultar os mortos também era uma das obras de piedade (misericórdia) dos judeus, além da esmola, jejum e oração (12,8).

Algo complicado nesse livro é definir o papel do demônio *Asmodeu*, em Tb 3,8, em que ele teria matado os "sete maridos" de *Sara* antes que tivessem relações conjugais com ela. "Quem seria o demônio Asmodeu? Esse nome vem provavelmente do hebraico e significa 'aquele que destrói'. Para os antigos, todas as doenças e principalmente a morte eram obra dos demônios."[18]

Asmodeu é simbólico, ou seja, para mostrar que o casamento deveria ser entre o clã, que Deus tem o poder da cura.

Outro fato simbólico:

> "O relato sobre o PEIXE (Tb 6,1-9) é tema central nesse livro, pois dele dependerá a solução das dificuldades. O peixe quer dominar e devorar o pé de Tobias, mas este domina o peixe, ou seja, vence as dificuldades. Além de alimento, serve também de "receita" que, utilizando o coração, o fígado e fel, vai salvar Sara e libertar Tobit da cegueira. É enfrentando o desconhecido que descobrimos nossas capacidades e, mais ainda, encontramos soluções

---

[18] Storniolo, Ivo; Bortolini, José. *Como ler o livro de Tobias*. São Paulo: Editora Paulus, 1994, p. 22.

para problemas e dificuldades, superando todos os obstáculos. O jovem está amadurecido e pronto para a realização afetiva e sexual".[19]

Será que os casamentos de hoje são verdadeiramente fundamentados em Deus e no amor?

SAIBA MAIS...

- Conselho completo de Tobit para o filho Tobias — um resumo das obras de piedade do judaísmo (4).
- Narrativa do casamento entre Tobias e Sara (7).
- Conselhos finais de Tobit e morte de Tobias (14).

JUDITE

1. Visão geral

O nome *Judite* significa "a judia" ou "filha de Judá".

E a exemplo do livro de *Tobias*, não está interessado em fatos históricos ou até mesmo geográficos. O objetivo é pegar uma história do passado e transmitir uma mensagem no presente.

---

[19] Storniolo, Ivo; Bortolini, José. *Como ler o livro de Tobias*. São Paulo: Editora Paulus, 1994, p. 40-41.

90

Inicialmente, o livro nos assusta, pois coloca que o Rei *Nabucodonosor* reinou em Nínive, sendo que, na verdade, ele reinou na Babilônia, mas o que ele nos quer dizer é que existe um opressor no presente, como existiram vários no passado.

Ao que tudo indica, a parte final desse livro foi escrita em 175-150 a.C. e, por detrás de *Nabucodonosor*, teríamos a figura do rei selêucida, *Antíoco IV Epífanes*.

A mensagem é clara: o povo tem de "cortar a cabeça do opressor" para não ser oprimido, explorado e escravo. No presente, o importante era unir as forças e derrotar o opressor, manter a identidade do povo judeu e dar bases para a resistência e movimento de revolta dos *Macabeus*.

2. Divisão do livro

Duas partes parecem bem claras nesse livro, além de uma conclusão:

a) Jt 1—7: mostram as armas e a força de um sistema opressor;

b) Jt 8—15: mostram o poder de Deus, a força e a coragem de *Judite* para garantir vida e liberdade a seu povo;

c) Jt 16: cântico de *Judite* e o fim de sua vida.

3. Explicando o livro de Judite

Ficou claro que o livro de *Judite* não quer dar uma visão histórica; tanto é verdade que o Rei *Nabucodonosor* não reinou em Nínive (Assíria), mas na Babilônia (605-562 a.C.). O objetivo é dar ao povo uma esperança para lutar, reacender sua fé em Deus, vencer o inimigo e manter a vida e a cultura judaica. Nesse contexto, a luta será contra *Antíoco IV Epífanes* (175-164 a.C.) durante a revolta dos *Macabeus*.

Em razão das diversas conquistas militares de *Holofernes*, os israelitas ficaram com medo e aterrorizados (cf. 4,2). O medo gera insegurança, desespero e até escravidão. O livro de *Judite* quer mostrar, dentre outras coisas, a importância da fidelidade a Deus; fala sobre o jejum, sacrifícios e ofertas, purificação e arrependimento.

"Vestidos com panos de saco e com cinza sobre os turbantes, eles clamavam com toda a força ao Senhor, para que protegesse a casa de Israel" (4,13-15). Até os inimigos sabem que os israelitas, "enquanto não pecaram contra seu Deus, a prosperidade estava com eles, porque o Deus deles odeia a injustiça. Mas quando se afastaram do caminho que Deus lhes havia marcado, uma parte deles foi completamente exterminada em guerras, e a outra foi exilada num país estrangeiro" (5,17-18) – aqui entra a famosa mentalidade da época: se o povo é fiel a Deus e aos mandamentos, Deus fica do lado dele e vence todas as batalhas. Se infiel, comete injustiças e desvia do seu caminho, é abandonado por Deus, perde as guerras, fica escravo e exilado.

> "Vendo-se cercados pelo inimigo e sem possibilidades de escapar, os israelitas ficaram desanimados... As crianças desmaiavam e as mulheres e jovens desfaleciam de sede. Caíam pelas ruas e saídas

das portas da cidade, completamente esgotados... É preferível sermos saqueados. Seremos escravos deles, mas salvaremos a nossa vida, e não veremos nossas mulheres e filhos expirar" (cf. 7,19-27).

Diante dessa situação de calamidade e desespero, surge uma mulher, seu nome era *Judite*. Era jovem, porém, já viúva e temente a Deus. "Era muito bonita e atraente" (8,7). Reuniu os chefes do povo de Betúlia. Criticou os seus planos e disse: "Vocês, que nunca entenderão nada, estão pondo à prova o Senhor Todo-Poderoso. Se são incapazes de sondar a profundidade do coração humano e entender as razões dos pensamentos dele, como podem sondar a Deus, criador de tudo, e compreender sua mente e entender seu projeto?" (8,13-14). Pediu a Deus força e teve uma ideia: "tomou banho, passou perfume caro, penteou os cabelos, colocou um turbante na cabeça e se vestiu com a roupa de festa. Ficou belíssima, capaz de seduzir os homens que a vissem" (10,3-4). *Judite* vai ao encontro do General *Holofernes* e o elogia muito: "Ouvimos falar da sabedoria e astúcia que o senhor tem. Todos comentam que o senhor é o melhor em todo o império, o conselheiro mais hábil e o estrategista mais admirado" (11,8); diz que quer ficar do lado dele e contar os "pontos fracos" do exército de Israel; no quarto dia, *Holofernes* ofereceu-lhe um banquete e *Judite* foi. "Ao vê-la, Holofernes ficou arrebatado, e a paixão o agitou com o desejo violento de se unir a ela. De fato, desde a primeira vez que a viu, ele espreitava uma ocasião para seduzi-la" (12,16). Depois de comerem e beberem foram para a tenda e o quarto de *Holofernes,* o qual estava bastante embriagado.

"Então Judite se aproximou da coluna da cama, que ficava junto à cabeça de Holofernes, e pegou a espada dele. Depois chegou perto da cama, agarrou a cabeleira de Holofernes e pediu: 'Dá-me força agora, Senhor Deus de Israel'. E com toda a força, deu dois golpes no pescoço de Holofernes e lhe cortou a cabeça" (13,6-8).

Judite volta para casa e leva a cabeça de *Holofernes*, pede ao exército de Israel para atacar cedinho o exército inimigo, e os soldados da Assíria, diante da tragédia, sabendo que "uma só mulher hebreia desonrou a casa do rei Nabucodonosor" (14,18), ficaram espantados, entraram em pânico e fugiram (cf. 15,1-4). Os israelitas venceram e elogiaram *Judite* dizendo: "Você é a glória de Jerusalém! Você é a honra de Israel! Você é o orgulho de nossa gente!" (15,9).

"O ponto central é cortar a cabeça do opressor, ou seja, acabar com a ideologia imperialista. [...] Cortando a cabeça do general, Judite desarticula o exército e, desfazendo a sustentação do sistema, provoca a queda do próprio sistema. [...] A ação contra o poder imperialista deve ir direto à raiz, ou seja, à ideologia imperialista, ao complexo de ideias que gera e sustenta o sistema inteiro. Essa é a cabeça a ser cortada."[20]

---

[20] STORNIOLO, Ivo. *Como ler o livro de Judite*. São Paulo: Editora Paulus, 1994, p. 75.

Judite não pecou e manteve sua honra, não se casou novamente e distribuiu seus bens aos parentes, além de ter dado liberdade a sua serva. Morreu com 105 anos (cf. 16,21-24).

SAIBA MAIS...

- O encontro e o plano de Judite diante de Holofernes (12,10—13,10).
- O cântico de Judite de agradecimento a Deus (16,1-17).
- Detalhes finais da vida de Judite (16,21-25).

ESTER

1. Visão geral

O livro de *Ester*, a exemplo de *Tobias* e *Judite*, não é uma narrativa histórica propriamente dita, é uma espécie de conto que analisa a situação da comunidade judaica espalhada entre nações estrangeiras, é a famosa diáspora.

Podemos dizer que o Rei *Assuero*, que aparece nesse livro, possivelmente seja *Xerxes I*, rei persa (486-465 a.C.).

Foi escrito inicialmente em hebraico por volta de 350 a.C. e depois foram acrescentados outros fatos em grego por volta de 150 a.C. O curioso desse livro é que, na parte em hebraico, não aparece o nome de Deus nenhuma vez.

Novamente, aparece uma mulher que vai "salvar o povo de Israel", visto que a capacidade e a força dos homens não resolvem; surgem a beleza, o encanto, a sensibilidade, a feminilidade, a percepção e o talento feminino como solução e libertação.

2. Divisão do livro

Ivo Storniolo[21] diz que esse livro gira em torno dos banquetes e neles se decide a sorte do povo. O povo só pode banquetear quando consegue, através da luta pela verdade e pela justiça, redirecionar o poder que oprime no poder que serve à vida; diz também que esse livro tem um "quiasmo concêntrico", uma forma literária de escrever dos judeus, em que a ideia principal se encontra no centro:

A – Os banquetes dos poderosos (1,1—2,18): dominação.

B – Conflito Amã x Mardoqueu (2,19—4,17).

C – Os banquetes de Ester (5,1—7,6): verdade e justiça.

B' – Solução do conflito (7,7—8,14).

A' – Os banquetes do povo (8,15—9,19): libertação.

Apêndices:

a) A festa dos Purim (9,20-32).

b) Conclusões (10,1-31).

---

21 STORNIOLO, Ivo. *Como ler o livro de Ester.* São Paulo: Editora Paulus, 1995, p. 11.

3. Explicando o livro de Ester

O nome *Ester* pode significar, no acádico *Ishtar*, uma deusa da Babilônia, ou ainda no persa *stareh*, "estrela", ou estar relacionado em hebraico a *Str*, do verbo "esconder", o que dá sentido, pois Deus está escondido nesse livro na parte em hebraico, que se encontra em letras normais. A parte em grego, nas Bíblias, tem letra com estilo de fonte em itálico para diferenciar o que chamamos de acréscimos posteriores.

Conforme já dito, esse livro gira em torno de banquetes. *Assuero* dá um banquete de 180 dias a seus oficiais, que governavam em 127 províncias desde a Índia até a Etiópia; depois um outro de sete dias para todo o povo de Susa. Na ocasião, *Assuero* manda chamar a rainha "para exibir a beleza dela ao povo e aos oficiais, pois a rainha era muito bela; ao receber a ordem dos funcionários, a rainha *Vasti* recusou apresentar-se; o rei ficou furioso, e sua ira se inflamou" (1,11-12).

A ordem de um rei devia ser obedecida sem qualquer discussão; o que está em jogo é a questão da autoridade e do domínio patriarcal, em que o homem "manda", todas as mulheres deveriam ser submissas aos maridos. O rei então tira de *Vasti* o título de rainha e publica um decreto "ordenando que o marido fosse o chefe da casa" (1,22). *Vasti* recusou apresentar-se porque não queria ser tratada como coisa e objeto.

Com isso, houve um decreto real à procura de jovens solteiras e bonitas. *Ester*, uma das escolhidas, foi levada à presença do rei em seu harém e o rei a preferiu "... a todas as outras mulheres, tanto que a coroou e a nomeou rainha, no lugar de Vasti" (2,17). "Mardoqueu tinha criado Hadassa, que é Ester, sua prima, pois era órfã de pai e mãe. A jovem era muito bela e atraente e, quando os pais dela morreram, Mardoqueu adotou-a como filha" (2,7).

Mardoqueu recusa-se a dobrar os joelhos e prestar homenagem ao alto funcionário de nome *Amã,* que publica um decreto, em nome do rei, que ordenava "exterminar, matar e aniquilar todos os judeus, adolescentes e velhos, crianças e mulheres, e saquear todos os seus bens" (3,13).

Ester tenta fazer o que pode para eliminar esse decreto e, um dia, num outro banquete, "O rei disse novamente a Ester: 'Peça-me o que você quiser, rainha Ester, e eu o concederei a você. Qual é o seu pedido? Darei a você até a metade do meu reino". A rainha *Ester* então respondeu: "Se o senhor quiser fazer-me um favor, se lhe parecer bem, o meu pedido é que me conceda a vida e o meu desejo é a vida do meu povo" (7,2-3).

Ester não pede riquezas ou poder, mas pede a vida, denuncia *Amã,* por ele querer matar o seu povo, e o rei manda matá-lo. No dia em que os judeus foram salvos, por intercessão de *Ester, Mardoqueu* mandou que eles comemorassem essa data com uma grande festa, pois tinham "eliminado os inimigos", e a tristeza se transformou em alegria e o luto em festa.

> "Amã, perseguidor de todos os judeus, tinha planejado a morte deles e lançado o "Pur", isto é, a sorte, para eliminá-los e destruí-los. Mas quan-

do Ester se apresentou ao rei, este ordenou, com documento escrito, que a perversa trama de Amã contra os judeus recaísse sobre ele próprio. Por isso, esses dias receberam o nome de 'Purim', da palavra 'pur'" (9,24-26).

Uma passagem muito questionada: "Os judeus das outras províncias do reino também se concentraram para se defender, eliminando os inimigos. Mataram setenta e cinco mil adversários, mas não praticaram o saque" (9,16).

Segundo Ivo Storniolo, é "difícil de acreditar em tal massacre. O que devemos ver aqui é a fé de que o mal será vencido e definitivamente derrotado no fim da história. O decorrer da história é luta contra os inimigos, com as armas da verdade e da justiça, que não necessariamente supõem o derramamento de sangue".[22]

Seguindo esse raciocínio, derrotar os inimigos é o mesmo que vencer a morte e as injustiças e lutar pela vida e pela justiça.

"Ester ajuda-nos a pensar na política que une transformações locais e nacionais em uma política global e mundial, onde a luta pela justiça ganha espaços e os oprimidos da terra recuperam a esperança de viver."[23]

---

[22] STORNIOLO, Ivo. *Como ler o livro de Ester*. São Paulo: Editora Paulus, 1995, p. 58.
[23] BÍBLIA edição pastoral. 8 ed. São Paulo: Edições Paulinas, 1993, p. 561.

SAIBA MAIS...

- Detalhes do pedido da vida do povo por Ester ao Rei Assuero (7).
- Decreto do rei pela vida do povo judeu (texto em grego: 8,12a-12v — na Bíblia Pastoral e de Jerusalém).

1 E 2 MACABEUS

1. Visão geral

Esses livros receberam o apelido de *Judas*, chamado "*O Macabeu*", filho mais famoso de *Matatias*. Pode vir também do hebraico: *Maqquabah*, que é martelo, guerreiro. Embora recebam o mesmo nome, um não é continuação do outro, havendo temas em comum, principalmente os feitos políticos e religiosos de *Judas Macabeu*, a questão do templo, da cultura e da identidade judaica, do perigo da helenização e outros, mostrando que o objetivo da luta era a libertação religiosa, depois a política, buscando conservar a identidade religiosa e a independência do povo judeu.

1 Macabeus descreve acontecimentos que cobrem o período que vai de 175 a 134 a.C. Mostra como o rei sírio, *Antíoco Epífanes*, quis introduzir à força os costumes e a cultura grega na Judeia, e mostra a resistência heroica do povo judeu. Escrito provavelmente por volta do ano 120-100 a.C.

Já *2 Macabeus* descreve acontecimentos que cobrem o período de 180 a 160 a.C., não é uma continuação, mas

uma narrativa paralela. O autor diz claramente que os fatos referentes a *Judas Macabeu* e seus irmãos, a purificação do templo, as guerras contra *Antíoco Epífanes* foram aconteci-mentos expostos por *Jasão* de Cirene em cinco livros, e ele vai tentar resumir e contar essa história (cf. 2Mc 2,19-24). Dentre muitos assuntos, destacam-se o elogio aos mártires e a esperança da ressurreição. Escrito por volta de 100 a.C.

2. Divisão dos livros

1 Macabeus começa descrevendo as crueldades e o do-mínio de *Antíoco Epífanes* (1Mc 1); depois apresenta o modo pelo qual *Matatias* resiste ao poder opressor (1Mc 2). A par-tir daí, é fácil dividi-lo.

1 Macabeus:

a) 1Mc 3—9,22: o governo de *Judas Macabeu* e seus feitos;

b) 1Mc 9,23—12: o governo de *Jônatas* e seus feitos;

c) 1Mc 13—16: o governo de *Simão* e seus feitos, intro-dução ao governo de *João Hircano*;

2 Macabeus:

a) 2Mc 1—3: descrevem diversos acontecimentos, o plano de obra do autor e a missão de *Heliodoro*;

b) 2Mc 4—5: atos cruéis de *Antíoco*;

c) 2Mc 6—7: testemunhos dos mártires e amor pela lei de Deus;

d) 2Mc 8—10,8: feitos de *Judas* e morte de *Antíoco Epífanes*;

e) 2Mc 10,9—13: fatos ligados a *Antíoco V Eupátor*;

f) 2Mc 14—16: as lutas de *Judas* contra *Alcimo* e *Nica-nor* e a vitória dos hebreus.

3. Explicando os livros dos Macabeus

A partir de 333 a.C., a Palestina foi dominada por *Alexandre Magno* que venceu os Persas e Medos: "O mundo calou-se diante dele. Depois disso, ele se exaltou e se encheu de orgulho. Formou um exército poderosíssimo, subjugou países, nações e ditadores, obrigando-os a pagar tributos" (1Mc 1,3-4). Após sua morte, o império foi dividido entre seus oficiais. A Palestina ficou sendo disputada entre os ptolomeus (Egito) e os selêucidas (Síria). Os sucessores de *Selêuco*, dentre eles *Antíoco IV Epífanes*, que assumiu o poder em 175 a.C., foram para cima dos judeus, a fim de impor a eles os costumes e a cultura grega.

Antíoco IV invadiu Jerusalém, saqueou o templo e o profanou, dedicando um altar ao deus grego *Júpiter*, matou milhares de homens, levou prisioneiras mulheres e crianças e roubou o que pôde. Como se não bastasse, esse rei ainda publicou um decreto determinando que:

> O reino inteiro formasse um povo só, e cada qual deixasse de lado seus costumes particulares. Entre os israelitas, muitos gostaram da religião do rei e passaram a oferecer sacrifícios aos ídolos e a profanar o sábado. Proibia oferecer holocaustos, sacrifícios e libações no Templo e também guardar os sábados e festas e imolar porcos e outros animais impuros; ordenava que não circuncidassem os filhos e que profanassem a si próprios com todo o tipo de impurezas e abominações. Quem não obedecia à ordem do rei,

incorria em pena de morte. Rasgavam e queimavam os livros da Lei e condenava essa pessoa à morte. Matavam mulheres que tinham circuncidado seus filhos, e muitos morreram (cf. 1Mc 1,41-63).

"Muitos que amavam a justiça e o direito desceram para o deserto e aí ficaram com seus filhos, mulheres e rebanhos, e foram atacados em dia de sábado, não reagiram para obedecerem à lei, e todos morreram" (1Mc 2,29.38).

"Ao saber do caso, Matatias e seus companheiros choraram amargamente. E comentavam entre si: 'Se nós todos fizermos como esses nossos irmãos, se não lutarmos contra os pagãos por nossa vida e nossas tradições, eles, em breve, nos eliminarão da face da terra'. E nesse mesmo dia, eles tomaram esta decisão: 'Lutaremos abertamente contra todo aquele que nos atacar em dia de sábado" (1Mc 2,39-41).

Essa passagem é importante, pois entenderam que a vida está acima da lei, algo muito difícil para um judeu que obedecia à lei quase que cegamente.

Começa uma grande guerra: *Antíoco IV* convoca um exército poderosíssimo para "destruir e exterminar o povo judeu da terra" (1Mc 3,42). *Judas Macabeu* organiza os homens, em torno de três mil, e diz: "É melhor morrer na batalha do que ficar olhando a desgraça do nosso povo e do

Templo. Seja feita a vontade de Deus" (1Mc 3,59-60). Israel vence a primeira batalha, outras dezenas viriam.

Matatias chefia a resistência e a revolta continuadas depois por *Judas Macabeu, Jônatas* e finalmente *Simão*. No início de tudo, a luta é religiosa, mas aos poucos se transformou em busca da independência política. Esse livro é um convite para encarnar a fé em ação política e revolucionária, mostra que um povo, por mais fraco que pareça, jamais se deve conformar diante da exploração dos poderosos.

O texto pode ser dividido em três partes:

— sobre os sumos sacerdotes e sobre o soberano selêucida: *Heliodoro*, que procura tomar os tesouros do templo dos judeus;

— a perseguição de *Antíoco IV* e a coragem da família *Macabeus*, que aceita o martírio por amor a Deus e a sua lei;

— como *Judas* conseguiu purificar o templo e vencer a guerra contra o grego *Nicanor*.

O que deve ficar bem claro, em *1 e 2 Macabeus*, é a fidelidade à lei: *torá*, pois assim seriam fiéis à aliança entre Deus e o seu povo. Essa fidelidade à lei diz respeito à vida cotidiana, como o repouso no sábado, a circuncisão (todo israelita, do sexo masculino, deveria fazer a circuncisão, isto é, cortar a pele que envolve a parte final do pênis, hoje popularmente chamada de operação de fimose), não comer carne de porco, o modo de celebrar o culto etc.

Um fato veio questionar o valor absoluto da lei: "Todo aquele que vier atacar-nos em dia de sábado, nós o retribuiremos abertamente. Assim, não morreremos todos, como morreram nossos irmãos em seus esconderijos" (1Mc 2,41).

Matatias mostra a importância da lei, mas fica claro que a vida está acima dela.

Nos capítulos 6 e 7, de *2 Macabeus*, há o relato sobre as torturas sofridas e os martírios dos sete (7) irmãos. Como já sabemos, o "sete" significa plenitude, totalidade e perfeição; "mártir" é um termo grego que significa "testemunha". Esse livro e essa passagem, com toda a descrição dos fatos, mostram, pela primeira vez, em todo o Antigo Testamento, algo sobre a "ressurreição" e sobre a outra vida. Bom seria que todos pudessem ler estes capítulos (6 e 7, de *2 Macabeus*), para sentir a fé verdadeira que brotava no interior de cada um daqueles mártires.

Numa das passagens, há: "É desejável passar para a outra vida às mãos dos homens, tendo da parte de Deus as esperanças de ser um dia ressuscitado por ele. Mas para ti (rei), ao contrário, não haverá ressurreição para a vida" (2Mc 7,14).

Outra passagem importante é a questão de rezar pelos mortos (2Mc 12,44-45):

> "Se não tivesse esperança na ressurreição dos que tinham morrido na batalha, seria coisa inútil e tola rezar pelos mortos. Mas, considerando que existe uma bela recompensa guardada para aqueles que são fiéis até à morte, então esse é um pensamento santo e piedoso. Por isso, mandou oferecer um sacrifício pelo pecado dos que tinham morrido, para que fossem libertados do pecado".

Muitos pensam que eles (a família dos *Macabeus*), simbolizando aqui todo o povo de Israel, não deveriam morrer, deveriam "comer carne de porco" e preservar a vida; isso é uma visão ingênua dos fatos, pois esse simples preceito, ou qualquer outro, simboliza a lei, a identidade do povo judeu e sua razão de ser, que é a fidelidade a Deus e a seus mandamentos.

De modo geral, podemos dizer que os livros dos *Macabeus* têm, por preocupação, a religião, a história. A importância do templo e das festas, o poder da oração, a providência divina na história, o julgamento, a misericórdia para com o pecador, a crença no além e na ressurreição dos mortos são apenas pano de fundo para a apresentação dos costumes e das crenças religiosas do judaísmo nesse período.

Até que ponto estamos lutando contra o poder que nos oprime?

Será que, de fato, acreditamos na ressurreição e em uma outra vida após a morte?

SAIBA MAIS...

- Decreto do Rei (1Mc 1,41-53).
- Detalhes sobre a independência política, econômica e religiosa (1Mc 13,31-53).
- Belíssimo testemunho de fé em Deus por parte dos mártires (2Mc 7).
- Rezar pelos mortos (2Mc 12,32-45).

Terceira parte

LIVROS SAPIENCIAIS

OS LIVROS SAPIENCIAIS

O s LIVROS SAPIENCIAIS têm tudo a ver com a sabedoria do povo. O saber do povo e suas origens se perdem no tempo e na história. De modo geral, cada povo tem sua sabedoria e também é influenciado pelo saber de outros povos. Na Bíblia, quando se fala em livros sapienciais, são eles: *Jó, Provérbios, Eclesiastes, Sabedoria, Eclesiástico, Salmos* (orações do povo) e *Cântico dos Cânticos* (poemas de amor). Na Bíblia, em hebraico, esses livros são chamados de "escritos", mas nela não constam *Eclesiástico* e *Sabedoria*, escritos em grego. Embora *Rute, Judite, Ester, Jonas* e *Tobias* também tenham elementos de sabedoria, não são classificados como "sapienciais". *Jonas* é profético e os demais são chamados de históricos.

Pode-se dizer que os "provérbios" foram os responsáveis para dar o início da sabedoria. "Em hebraico se dizia *mashal,* isto é, *provérbio ou ditado. Sábio* era aquele que conseguia formular dentro de um *Mashal* as experiências vividas pelo grupo."[24] Exem-

[24] CONFERÊNCIA dos religiosos do Brasil. *Sabedoria e poesia do povo de Deus. Tua Palavra é vida.* 4 col. 2 ed. São Paulo: Publicações CRB e Edições Loyola, 1993, p. 18.

plo: "Anel de ouro em focinho de porco é a mulher bonita, mas sem bom senso" (Pr 11,22); "Muitos se fingem de ricos e nada têm; outros parecem pobres e possuem muitos bens" (Pr 13,7); "Mais vale um prato de verdura com amor do que um boi cevado com rancor" (Pr 15,17).

A sabedoria refere-se às situações do dia a dia, das dificuldades, das doenças, das conquistas, do amor, da amizade, da saúde, do trabalho e de muitos outros assuntos. São os famosos ditados populares que temos ainda hoje: "Em boca fechada não entra mosquito"; "A mulher que vende seu corpo não vale o que recebe" etc.

Além da escola de Salomão (971-931 a.C.), duas outras escolas importantes em Israel tentaram colecionar e escrever as expressões de sabedoria do povo a pedido de dois reis: *Ezequias* (716-687 a.C.) e *Josias* (640-609 a.C.). Com isso, começou entrar a ideologia do rei para tentar dominar o povo, bem como também transmitir a sua sabedoria de um modo geral. Sabedoria passa a ser privilégio de pessoas instruídas; nesse caso, pode ser um instrumento de opressão, mas a sabedoria é vida e liberta. Jesus mesmo diz: "Eu te louvo, Pai, Senhor do céu e da terra, porque escondeste essas coisas aos sábios e inteligentes, e as revelaste aos pequeninos. Sim, Pai, porque assim foi do teu agrado" (Mt 11,25-26).

Fica claro que a sabedoria, na Bíblia, não está no sentido do saber intelectual, mas no sentido de uma sabedoria que está encarnada na própria vida e que nos faz viver de acordo com o projeto de Deus.

Jó

1. Visão geral

A história de *Jó* é belíssima, muito humana e mostra a relação entre o ser humano e Deus; questiona a fé, a religião, os dogmas, as injustiças e até aquilo que muitos falam que é de Deus, mas, na verdade, "são teorias do homem".

Temos uma ideia errada desse livro; muitos dizem: "É necessário ter a paciência de Jó". No livro, a partir do capítulo 3, que não tem nada a ver com a estória ou lenda contada sobre *Jó*, vamos perceber que ele foi impaciente, questionador, revoltado e queria explicação pelo seu sofrimento; chega a amaldiçoar o dia em que nasceu, dizendo que, se tivesse sido abortado, seria melhor, e ansiava pela morte que não chegava (cf. 3,1-21).

O eixo central desse livro gira em torno do "dogma da retribuição":

> "Deus retribui o bem com o bem e o mal com o mal. Ao justo, Deus concede saúde, prosperidade e felicidade; ao injusto, ele castiga com desgraças e sofrimentos. Tal concepção arrisca produzir uma religião de comércio, onde o homem pensa poder assegurar a própria vida e até ditar normas para o próprio Deus. Contra isso, o autor mostra que a religião verdadeira é mistério de fé e graça: o homem se entrega livre e gratuitamente a Deus; e Deus, misté-

rio insondável, volta-se para o homem gratuitamente, a fim de estabelecer com ele uma comunhão que o leva para a vida".[25]

Resumindo: o significado do "dogma da retribuição" daquela época — e que infelizmente muitos ainda hoje pensam desta maneira — é, se praticamos o bem, Deus nos recompensa com vida e saúde; se praticamos o mal, Deus nos castiga com doença e desgraça. Os ricos são abençoados por Deus e os pobres são amaldiçoados por Deus. Isso é um absurdo, pois o próprio Jesus, Filho de Deus, nasceu pobre, sofreu muito e mostrou o carinho, o amor e a misericórdia do Pai aos pobres e sofredores.

2. Divisão do livro

a) a história ou conto inicial de *Jó* compreende 1,1— 2,13.42,7-17;

b) diálogo com seus três amigos: *Elifaz, Baldad, Sofar* (3—27);

c) a questão da sabedoria (28);

d) *Jó* expõe seu modo de pensar a Deus (29—31);

e) exposição de *Eliú* (32—37);

f) diálogo entre Deus e *Jó* (38—42,6);

g) final da história (42,7-17).

---

[25] BÍBLIA edição pastoral. 8 ed. São Paulo: Edições Paulinas, 1993, p. 638-639.

3. Explicando o livro de Jó

O livro possui duas partes bem distintas: a estória inicial (1,1—2,13.42,7-17), que mostra um *Jó* paciente e que aceita tudo que acontece, e depois, em 3—42,6, um *Jó* impaciente e que questiona tudo e não aceita o sofrimento como "castigo de Deus".

Jó (*íyob*), que significa "objeto de perseguição e inimizade", não era israelita, pois vivia em Hus, provavelmente em Edom; é rico e íntegro, ou seja, perfeito e inocente; é também reto, justo e honesto. Conforme a visão teológica da época, um homem rico era abençoado por Deus, o pobre era amaldiçoado por Deus.

Satã, que significa adversário, acusador, desafia a Deus que *Jó* só é justo porque é rico, mas que, se ele fosse pobre, amaldiçoaria a Deus. *Satã* aqui não é personificação do mal e sim espécie de um investigador. Deus aceita o desafio, dizendo que *Jó* seria justo sempre. Aí tem início a descrição da estória:

> "Era uma vez um homem chamado Jó, que vivia no país de Hus. Era um homem íntegro e reto, que temia a Deus e evitava o mal. Tinha sete filhos e três filhas. Possuía também sete mil ovelhas, três mil camelos, quinhentas juntas de bois, quinhentas mulas e grande número de empregados. Jó era o mais rico dos homens do Oriente" (1,1-3).

"Certo dia, os filhos e filhas de Jó comiam e bebiam na casa do irmão mais velho. Um mensageiro chegou à casa e lhe disse: 'Os bois estavam arando e as mulas pastando perto deles. Os Sabeus caíram sobre eles, mataram os empregados a fio de espada e levaram o rebanho. Só eu escapei para lhe contar o que aconteceu'.

Acabara de falar quando chegou outro e disse: 'Caiu um raio do céu e queimou e consumiu suas ovelhas e pastores. Só eu escapei para lhe contar o que aconteceu'.

Acabara de falar quando chegou outro e disse: 'Um bando de caldeus, dividido em três grupos, caiu sobre os camelos e os levou embora, depois de matar os empregados a fio de espada. Só eu escapei para lhe contar o que aconteceu'.

Acabara de falar quando chegou outro e disse: 'Seus filhos e filhas estavam comendo e bebendo na casa do irmão mais velho, quando um furacão veio do deserto, atingindo a casa pelos quatro lados, e ela desabou sobre os jovens e os matou. Só eu escapei para lhe contar o que aconteceu'.

Então Jó se levantou, rasgou a roupa, rapou a cabeça, caiu por terra e disse: 'Nu eu saí do ventre de minha mãe, e nu para ele voltarei. Deus (Javé) me deu tudo e Deus tudo me tirou. Bendito seja o nome de Deus!'.

E, apesar de tudo, Jó não pecou e não acusou a Deus de ter feito alguma coisa injusta" (1,13-22).

Satã, vendo que tinha perdido a causa, fala para Deus: "O homem dá tudo que tem para manter a vida. Manda uma doença para Jó, e ele te amaldiçoará" (cf. 2,4-5). *Satã* se encarrega de colocar, no corpo de *Jó*, a lepra, que era uma doença incurável, com ela a pessoa deveria afastar-se do convívio social e familiar. *Jó* agora está pobre, doente e afastado do convívio familiar e marginalizado. Em desespero, amaldiçoa o dia em que nasceu: "Maldito o dia em que nasci, melhor seria se eu tivesse sido abortado ou melhor seria morrer do que viver assim" (cf. 3,1ss.).

Três amigos dele vêm visitá-lo: *Elifaz*, de Temã, *Baldad*, de Suás, e *Sofar*, de Naamat.

Elifaz fala sobre a visão da época, segundo o "dogma da retribuição", de que Deus recompensa o justo e amaldiçoa ou castiga o injusto, e que se *Jó* está assim é porque pecou contra Deus. Mas ele afirma que não pecou e questiona seu sofrimento.

Baldad vai por um outro lado e diz que Deus o está castigando pelos crimes que possivelmente seus filhos cometeram. *Jó* afirma que seus filhos eram justos.

Sofar afirma que *Jó* está mentindo e esconde algum crime.

Até aqui, vemos que ou *Jó* não é inocente, ou seus filhos pecaram, ou ainda *Jó* esconde algum crime. Essas são as hipóteses dos amigos.

> "Mas até agora ninguém pensou na possibilidade de um inocente ser de fato injustiçado. Pois se tudo vinha de Deus, Deus seria injusto se castigasse um inocente, e isso Deus não era. Jó, por outro lado,

é íntegro e está sofrendo; há alguma coisa errada. Eliú tenta salvar o "dogma da retribuição", mas, diante disso, esgota a teologia da época e exige uma resposta nova.

Podemos dizer que o centro de todo o livro está aqui. Os amigos procuravam, a todo custo, afirmar que Jó sofria porque havia cometido alguma falta moral ou violação da ética. Salvaram Deus e condenaram Jó. Por sua vez, Jó se defendia, afirmando sua própria justiça e inocência. Salvava a si mesmo e condenava a Deus. Aí está a armadilha criada pelo dogma da retribuição: ou Deus está certo e Jó errado, ou Jó é inocente e Deus culpado."[26]

Jó faz um apelo a Deus para afirmar que é inocente: "Que o Todo-Poderoso me responda". Está preocupado consigo mesmo. Deus aparece numa visão e mostra que a teologia da época está errada. Então *Jó* diz: "Pois bem! Eu falei, sem entender, de maravilhas que superam a minha compreensão. Agora, porém, os meus olhos te veem e por isso me arrependo" (cf. 42).

Ainda hoje o sofrimento nos questiona. Às vezes, não temos respostas para tantos sofrimentos, misérias, violências e mortes. Deus é solidário e se faz presente. Muitas vezes atribuímos o sofrimento e a morte como se "fossem vontade de Deus, que Ele quis". Deus é um Pai e quer que

---

[26] Cf. Storniolo, Ivo. *Como ler o livro de Jó*. São Paulo: Edições Paulinas, 1992.

no mundo reinem o amor, a paz e a justiça. Porém, alguns querem ter, cada vez mais, riquezas e se esquecem do projeto de Deus, oprimem os mais fracos e pobres; com isso, temos um mundo onde os ricos estão cada vez mais ricos, e os pobres cada vez mais pobres. Será que isso é vontade de Deus? É evidente que não. Pois Jesus mesmo disse: "Eu vim para que todos tenham vida e a tenham em abundância" (Jo 10,10). Jesus também passou pelo sofrimento e confiou sua causa a Deus, venceu a morte e ressuscitou, provando que o nosso Deus é o Deus da vida.

> **SAIBA MAIS...**
>
> • Sobre a história original de Jó na íntegra, leia 1,1—2,13.42,7-17.
> • Sobre a sabedoria e inteligência (28,12-28) – "A sabedoria consiste em temer ao Senhor, e a inteligência está em afastar-se do mal".
> • Diálogo entre Deus e Jó (38—42,6).

SALMOS

1. Visão geral

Os *Salmos* nos ajudam a rezar diante de toda e qualquer situação de vida, permitem-nos entrar em sintonia com Deus, com a natureza, com os irmãos e com nós mesmos.

"A palavra salmo quer dizer oração cantada e acompanhada com instrumentos musicais. Assim, na oração e no canto de Israel, podemos ver como a história, a profecia, a sabedoria e a lei penetraram a vida do povo e a transformaram em oração viva, marcada por todo tipo de situações pessoais e coletivas."[27]

Os *Salmos* não têm um autor específico, embora muitos deles são atribuídos ao Rei *Davi*. De fato, há uma passagem que diz que *Davi* era "o cantor de salmos de Israel" (2Sm 23,1); alguns são colocados como sendo dos filhos de *Coré*, *Salomão*, *Asaf* e outros. Na verdade, não há como definir quem escreveu este ou aquele salmo, muitas pessoas anônimas os escreveram.

A Bíblia Hebraica os chama de "Hinos" ou até mesmo de "Cânticos", e é difícil definir um modo específico de chamá-los, pois são diferentes estilos.

2. Divisão do livro

Não há como dividir os 150 *Salmos*; cada um tem uma mensagem e um modo de se relacionar com Deus. Quanto à sua classificação, também existe muita dificuldade em definir, com precisão, este ou aquele Salmo.

---

[27] BÍBLIA edição pastoral. 8 ed. São Paulo: Edições Paulinas, 1993, p. 671.

Algumas Bíblias trazem uma numeração dos *Salmos* e outras, devido à tradução do hebraico para o grego, trazem uma numeração diferente. Assim, temos:

ALGUMAS BÍBLIAS	OUTRAS BÍBLIAS
Sl 1 – 8	Sl 1 – 8 (igual)
Sl 9 – 10	Sl 9
Sl 11 – 113	Sl 10 – 112 (um a menos)
Sl 114 – 115	Sl 113
Sl 116	Sl 114 – 115
Sl 117 – 146	Sl 116 – 145 (um a menos)
Sl 147	Sl 146 – 147
Sl 148 – 150	Sl 148 – 150 (igual)

Faz-se necessário ficarmos atentos; às vezes, queremos rezar o *Salmo 22* sobre o Bom Pastor e ele poderá, dependendo da Bíblia, ser o *Salmo 23* e estar entre parênteses (22).

3. Explicando os Salmos

Devido à maneira de interpretar ou classificar os *Salmos*, há muitas controvérsias entre os biblistas do modo mais simples de explicá-los. Assim, vamos utilizar a explicação de Marc Girard.[28]

---

[28] Nesse item, vamos resumir algumas ideias de GIRARD, Marc. *Como ler o livro dos Salmos*. São Paulo: Edições Paulinas, 1992, p. 16-85.

Os *Salmos* são um conjunto de cento e cinquenta orações. O livro recolhe uma coleção de orações do povo de Israel, orações que surgiram durante um período de mais ou menos 600 anos, não tem uma data precisa, mas temos salmos escritos após o exílio. Os *Salmos* mais antigos foram não só rezados pelas comunidades que surgiram depois, mas também relidos e adaptados conforme as situações vividas em circunstâncias diferentes. Mais tarde foram colocados por escrito e aperfeiçoados, tornando-se o principal livro de oração de todo o povo de Deus.

Os *Salmos* são orações que manifestam a fé no Deus vivo e libertador, que age em favor dos oprimidos. Por Deus não aprovar a situação em que se encontram os desfavorecidos, é que o povo tem a ousadia de reivindicar seus direitos, denunciar, pressionar e resistir aos poderosos. Os *Salmos* são, portanto, expressão dos anseios de um povo que encontra razões para viver e lutar, mesmo quando tudo parece estar pedido.

CLASSIFICAÇÃO DOS SALMOS

FAMÍLIA DE SALMOS	PALAVRA-CHAVE	TOTAL	EVENTO BÍBLICO
1. Salmos de Libertação	Drama	89 Salmos	Opressão-êxodo
2. Salmos de Instrução	Lição	19 Salmos	Eleição-aliança
3. Salmos de Louvor	Admiração	25 Salmos	Criação
4. Salmos de Celebração da Vida	Festa	17 Salmos	Ocasiões especiais

Quando pensamos na vida, a primeira coisa que surge são os problemas. No saltério, três quintos dos textos referem-se às situações de crise, conflito, catástrofes e miséria humana. É o *drama*.

Através dos acontecimentos da vida, o povo enriquece a sua experiência e aprende a criticar e fazer escolha dos valores. É a *lição*.

É preciso experimentar alguma liberdade para poder sair de si mesmo e maravilhar-se. Embora tenhamos tantos problemas, a natureza e as obras de Deus fazem com que fiquemos admirados. É a *admiração*.

No meio dos problemas e dificuldades, o povo consegue ainda um tempo para se distrair e festejar. É a *festa*.

Enfim, o povo luta, aprende, maravilha-se e festeja.

3.1. Salmos de libertação

Os *Salmos de libertação* nasceram de um *drama*. Para melhor compreendê-los, vamos ver suas etapas: a queixa, a súplica, a esperança, a intervenção divina, o agradecimento, a serenidade e a comunicação da libertação. Porém, não são todos os *Salmos de libertação* que têm todas essas etapas. Antes de citá-los, faz-se necessário um esclarecimento: tomamos, por base, "algumas Bíblias" e suas numerações para colocarmos as listas dos *Salmos de libertação* e dos demais.

São eles: 3 – 4 – 5 – 6 – 7 – 9 – 10 – 11 – 12 – 13 – 16 – 17 – 18 – 20 – 21 – 22 – 23 – 25 – 26 – 27 – 28 – 30 – 31 – 32 – 34 – 35 – 36 – 38 – 39 – 40 – 41 – 42 – 43 – 44 – 51 – 54 – 55 – 56 – 57 – 58 – 59 – 60 – 61 – 62 – 63 – 64 – 66

– 68 – 69 – 70 – 71 – 73 – 74 – 76 – 77 – 79 – 80 – 83 – 85 – 86 – 88 – 89 – 90 – 94 – 102 – 106 – 107 – 108 – 109 – 115 – 116 – 118 – 119 – 120 – 123 – 124 – 125 – 126 – 129 – 130 – 131 – 137 – 138 – 139 – 140 – 141 – 142 – 143 – 144.

Salmo 138,1-3: "Senhor, tu me vês e me conhece. Tu conheces o meu sentar e o meu levantar, de longe conheces o meu pensamento. Examinas o meu andar e o meu deitar, meus caminhos todos são familiares a ti".

3.2. Salmos de instrução

Na escola da vida e com seus acontecimentos tanto agradáveis como desagradáveis, muitos contribuem para nos formar e educar. Nesse tipo de Salmo, temos as seguintes etapas: comparar, aproveitar os maus exemplos dos demais para ver o certo, deixar-se censurar, confrontar-se com a Palavra de Deus e escutar o conselho dos Sábios. São eles: 1 – 14 – 15 – 19 – 24 – 37 – 49 – 50 – 52 – 53 – 75 – 78 – 81 – 82 – 91 – 95 – 112 – 114 – 127.

No Salmo 90, temos: "Eu o livrarei, porque a mim se apegou. Eu o protegerei, pois conhece o meu nome. Ele me invocará, e eu responderei. A desgraça jamais o atingirá, e praga nenhuma vai a sua casa, pois ele ordenou a seus anjos que guardem você em seus caminhos".

3.3. Salmos de louvor

São aqueles que se referem à criação e a todas as obras do Senhor. Diante do mundo e do universo, ficamos "admirados" com as maravilhas de Deus. É o *louvor* a Deus pelas suas maravilhas. São eles: 8 – 29 – 33 – 47 – 92 – 93 – 96 – 97 – 98 – 99 – 100 – 103 – 104 – 105 – 111 – 113 – 117 – 135 – 136 – 145 – 146 – 147 – 148 – 149 – 150.

Salmo 117(116): "Louvem a Deus, nações todas, e o glorifiquem todos os povos. Pois o seu amor por nós é para sempre, e sua fidelidade é comprovada".

3.4. Salmos de celebração

São aqueles *Salmos* que têm a ver com "festa", seja religiosa, como de santo padroeiro, por exemplo, de Nossa Senhora, todos os santos, seja política ou social, como de formatura, seja também familiar, como de aniversário, comemoração de casamento etc. São eles: 2 – 45 – 46 – 48 – 65 – 67 – 72 – 84 – 87 – 101 – 110 – 121 – 122 – 128 – 132 – 133 – 134.

Salmo 121(120),7-8: "Deus (Javé) guarda você de todo o mal, ele guarda a sua vida. Deus guarda suas entradas e saídas, desde agora e para sempre".

SAIBA MAIS...

- Os Salmos são muito importantes. Jesus Cristo os rezava. Assim o fez na cruz, rezando o Salmo 22(21), conforme se vê em Mt 27,46 e Mc 15,34, e também o Salmo 118,26: "Bendito é aquele que vem em nome do Senhor", de acordo com Mt 23,39. Maria também rezava os Salmos.

- O livro dos Salmos é o segundo do Antigo Testamento mais usado no Novo Testamento.

- Resumindo: os Salmos falam dos "dramas", em que o povo grita sua miséria e caminha em direção à libertação. Os Salmos de "lição" instruem o povo liberto a não se afastar do caminho. Os Salmos de "admiração" querem ser um canto da comunidade ou pessoal para o Deus criador, a fim de louvá-lo. Por fim, os Salmos de "festa" tratam da celebração da vida, de uma libertação e de comemoração circunstancial.

- O Salmo 22, em algumas Bíblias 23, diz:
"O senhor é o meu pastor. Nada me faltará. Em verdes pastagens me faz repousar; para fontes tranquilas me conduz, e restaura minhas forças. Ele me guia por bons caminhos, por causa de seu nome. Embora eu caminhe por um vale tenebroso, nenhum mal temerei, pois junto a mim estás; [...] Sim, felicidade e amor me acompanham todos os dias de minha vida. Minha morada é a casa do Senhor por todos os dias de minha vida".

- Reze os Salmos: 1 – 8 – 23(22) – 51(50) – 91(90) – 139(138).

PROVÉRBIOS

1. Visão geral

O livro dos *Provérbios* tem tudo a ver com a sabedoria do povo, mas não no sentido intelectual e sim de vida, pois, naquela época, a maioria das pessoas era analfabeta.

Provérbio vem do hebraico (*Mashal*), significa "semelhança", "comparação".

A finalidade do livro é conhecer a sabedoria do povo e de outros povos e seus "ditados ou sentenças populares".

Muitos dizem que foi o Rei *Salomão* que os escreveu, mas não é verdade, pode até ter escrito alguns, pois em 1Rs 5,12 diz que "ele compôs três mil provérbios e mil e cinco cânticos", o que é um exagero. *Salomão* (971-931 a.C.) montou uma "escola" de sábios que procuraram sistematizar o conhecimento popular. Os *provérbios, salmos* e *sabedoria* do povo começaram a ser colecionados nessa época, passando depois pela escola feita por *Ezequias* (716-687 a.C.) e também pela escola de *Josias* (640-609 a.C.), e parece que sua redação final ocorreu por volta de 400 a.C. ou um pouco mais tarde.

2. Divisão do livro

Este é um grande desafio. Ao ler os *Provérbios*, parecem ser todos "bagunçados" e fora de ordem. De modo muito geral e sem detalhes, temos:

a) 1,1-7: introdução;

b) 1,8—9: o que é a verdadeira sabedoria e o modo de adquiri-la (*Salomão?*);

c) 10—22,16: inúmeros provérbios do povo (atribuídos erroneamente a *Salomão*);

d) 22,7—24,34: referem-se às "palavras dos sábios";

e) 25—29: outros provérbios atribuídos a *Salomão* (?);

f) 30,1-14: palavras de *Agur*, filho de *Jaces*, de Massa;

g) 30,15-33: provérbios numéricos;

h) 31,1-9: palavras de *Lamuel*, Rei de Massa;

i) 31,10-31: elogio à mulher ou esposa ideal.

3. Explicando o livro dos Provérbios

O livro dos *Provérbios*, já no início, mostra o seu objetivo:

> "Para conhecer a sabedoria e disciplina; para entender as sentenças profundas; para adquirir disciplina e sensatez, justiça, direito e retidão; para ensinar sagacidade aos ingênuos, conhecimento e reflexão aos jovens. Que o sábio escute e assim aumentará o seu saber, e o homem prudente adquirirá habilidade para entender provérbios e metáforas, as sentenças dos sábios e seus enigmas. O temor do Senhor (Javé) é o princípio do saber, porém os idiotas desprezam a sabedoria e a disciplina" (1,2-7).

"Se você procurar a sabedoria como dinheiro e a buscar como tesouro, então você entenderá o temor de Javé e alcançará o conhecimento de Deus" (2,4-5).

Em 8,22-31, há um belíssimo hino que descreve que a sabedoria, desde o princípio, estava com Deus. "Eu estava junto com ele, como mestre de obras. Eu era o seu encanto todos os dias, e brincava o tempo todo em sua presença; brincava na superfície da terra e me deliciava com a humanidade" (8,30-31).

Existem vários conselhos aos homens para não se deixarem seduzir, principalmente com mulheres estrangeiras (cf. 7).

Alguns tipos de *Provérbios*:

— "Afaste-se da boca enganosa e fique longe dos lábios falsos" (4,24);

— "Quem pratica a justiça busca a vida: quem segue o mal caminha para a morte" (11,19);

— "Quando os justos governam, o povo se alegra; quando o injusto governa, o povo reclama" (12,10);

— "Muita gente elogia o homem importante, e todo mundo é amigo de quem dá presente" (19,6);

— "Deus (Javé) detesta seis coisas e a sétima ele abomina: olhos altivos, língua mentirosa, mãos que derramam sangue inocente, coração que trama planos perversos, pés que correm para a maldade, testemunha falsa que profere mentiras, e aquele que semeia discórdia entre os irmãos" (6,16-19).

No elogio à mulher ou esposa ideal, diz:

— "Ela se veste de força e dignidade, e sorri para o futuro. Ela abre a boca com sabedoria, e sua língua ensina com bondade" (31,25-26).

Vimos como a sabedoria nasce da experiência cotidiana e da vida do povo. Os *Provérbios* não acabaram, mas continuam ainda hoje em nosso povo, tais como: "A voz do povo é a voz de Deus", "Não há rosa sem espinhos", "água parada não move moinho", "Quem espera sempre alcança" etc.

SAIBA MAIS...

- A sedução da estrangeira (7,1-27).
- A sabedoria ao lado de Deus (8,22-31).
- Inúmeros Provérbios (10—30).
- Elogio à mulher ou esposa ideal (31,10-31).

ECLESIASTES

1. Visão geral

O livro do *Eclesiastes* é assim chamado a partir do termo hebraico *Coélet*, que vem de *qahal*, no sentido de "assembleia", "reunir" e "congregar". No grego, "assembleia" é o mesmo que *Ekklesia*, e daí a palavra *Eclesiastes*.

Não há um autor específico, apenas que se apresenta como *Coélet*, que é rei de Jerusalém e muito sábio (cf. 1,1).

O livro vai comentar, de um modo geral, que a vida humana é passageira. Como ainda não tinha naquela época,

por volta de 250 a.C., a noção da ressurreição e de uma outra vida após a morte, ou seja, era "morreu, acabou", é um livro muito pessimista e faz um alerta ao povo para desfrutar de seu trabalho e procurar ser feliz enquanto é tempo.

Nesse período, a Palestina estava dominada pelos ptolomeus do Egito (301-198 a.C.), os quais exigiam altíssimos impostos, oprimiam e exploravam o povo em todos os sentidos. *Coélet* quer abrir ainda uma esperança ao dizer que, diante de tudo isso, ainda é possível ser feliz, e esta felicidade consiste em "comer o pão com alegria, beber vinho com satisfação, usar perfume e gozar a vida com a esposa que você ama" (cf. 9,7-9).

2. Divisão do livro

Fazer uma divisão precisa é complicado. Ela depende do modo como a pessoa enxerga seu conteúdo e temas. Assim, vamos seguir a divisão feita pelo Centro Bíblico:[29]

a) 1,1-11: introdução;

b) 1,12—3,22: análise da realidade e sua proposta de vida;

c) 4,1—6,9: passos concretos para alcançar a felicidade;

d) 6,10—8,17: ironiza a sabedoria oficial e joga por terra os fundamentos da teologia da retribuição;

e) 9,1—12,8: um convite para viver a vida com intensidade, realizando a partilha na gratuidade;

f) 12,9-11 e 12,12-14: dois relatos diferentes.

---

[29] Centro Bíblico Verbo. *Come teu pão com alegria!* São Paulo: Editora Paulus, 2006, p. 18-19.

3. Explicando o livro do Eclesiastes

O livro começa dizendo: "Vaidade das vaidades — diz Coélet —, vaidade das vaidades, tudo é vaidade! Que proveito tira o homem de todo o trabalho com que se afadiga debaixo do sol?" (1,2-3), ou poderia dizer ilusão das ilusões, onde tudo é ilusão debaixo do sol, ou seja, na terra.

Ele decide conhecer a sabedoria e a ciência, assim como a tolice e a loucura, e percebe que isso é vaidade e ilusão (cf. 1,17).

Entrega-se à bebida, acumula prata e ouro e "Não recusa nada do que os seus olhos pediam, e nunca priva seu coração de nenhum prazer" (2,10). Percebe que tudo é ilusão, "uma corrida atrás do vento" e não serve para nada.

"Debaixo do céu há momento para tudo, e tempo certo para cada coisa: tempo para nascer e tempo para morrer. Tempo para chorar e tempo para rir. Tempo para abraçar e tempo para separar. Tempo para calar e tempo para falar. Tempo para amar e tempo para odiar..." (cf. 3,1-8).

Vai dizer que os mortos são mais felizes do que aqueles que vivem. "Mais feliz que os dois é quem não nasceu ainda, pois não vê todo o mal que se pratica debaixo do sol" (4,3).

E "Quem gosta de dinheiro nunca se sacia de dinheiro. Quem é apegado às riquezas, nunca se farta com a renda. Isto também é ilusão (vaidade). Coma muito ou coma pouco, o sono do trabalhador é gostoso, enquanto a fartura do rico não o deixa dormir" (5,9.11).

Diz que um aborto é melhor do que viver sem satisfação e que "o dia da morte é melhor do que o dia do nascimento" (7,1). "O homem não conhece nem sequer o amor e o ódio.

Todos têm o mesmo destino, tanto o justo como o injusto, o bom e o mau, o puro e o impuro, pois todos se dirigem para junto dos mortos" (cf. 9,1-3).

Diante desse quadro ilusório e de vaidade, quando tudo é passageiro, como a fumaça, ainda resta uma esperança. Qual? Ser feliz. Como?

Diz *Coélet*:

> "Vá, coma o seu pão com alegria e beba seu vinho com satisfação, porque com isso Deus já foi bondoso para com você. Que suas roupas sejam brancas o tempo todo, e nunca falte perfume em sua cabeça. Goze a vida com a esposa que você ama, durante todos os dias da vida fugaz que Deus lhe concede debaixo do sol" (9,7-9).

E mais um conselho: "Além disso, meu filho, preste atenção: escrever livros é um trabalho sem fim, e muito estudo cansa o corpo" (12,12).

Conforme vimos neste livro, *Coélet* não tem ainda a noção de que, após esta vida, existe a ressurreição e a vida eterna, conforme Jesus nos ensinou. Para ele, todos tinham o mesmo fim, justos e injustos, bons e maus morreriam e voltariam a ser pó, mas o seu conselho de vivermos bem e desfrutarmos do nosso trabalho para sermos felizes, no presente, é muito bom.

Coélet, no *Eclesiastes*, descobre que o povo de seu tempo não pode ser feliz, isso porque está sendo roubado no seu trabalho. E hoje é diferente?

SAIBA MAIS...

- O tempo para tudo (3,1-8).
- O perigo do apego às riquezas (5,9-16).
- Vale a pena viver quando... (9,7-10).

CÂNTICO DOS CÂNTICOS

1. Visão geral

Um livro desconcertante, lindo e maravilhoso. O amor, a paixão, o sexo — no sentido mais original — e os elogios à amada e ao amado são a razão de ser desse livro.

Muitas pessoas, quando leem *Cântico dos Cânticos*, no sentido de ser um cântico por excelência e o mais belo de todos, ficam até surpreendidas ao verem a naturalidade com que o amor e o sexo são descritos. Muitos assustam e chegam a dizer: "Esse livro parece pornográfico, o que está fazendo na Bíblia?"

Incrível admitir que é uma mulher a protagonista e que luta para concretizar o verdadeiro amor, pois, naquela época, por volta do ano 400 a.C., a sociedade era totalmente machista.

Dos seus 117 versículos, 60, ou seja, mais da metade, são vozes da amada; 37, do amado; e 20, do narrador.

Ao contrário dos que muitos pensam, esse livro não foi escrito por *Salomão*. Há biblistas que consideram que esse livro foi escrito por uma ou mais mulheres. Possivelmente, esses cânticos eram cantados em festa de casamento de pessoas importantes.

Sulamita é a mulher principal ou a amada; seu nome pode vir de uma palavra muito comum e importante do hebraico: *shalom*, que significa "paz". Num poema posterior, há: "Aos olhos dele, porém, sou a mensageira da paz" (8,10) –, mas pode também ser interpretado "como aquela que vem de Salomão" e, nesse caso, seria aquela que pertence ao Rei *Salomão*, que, segundo consta em 1Rs 11,3, além das 700 mulheres, ainda possuía 300 concubinas, isto é, moças que deveriam ficar no palácio para as tarefas normais e ser objetos sexuais do rei. "Minha vinha é só minha. Para você, Salomão, as mil moedas" (8,12); "...me obrigaram a guardar as vinhas, e a minha vinha, a minha... eu não a pude guardar" (1,6). A vinha pode simbolizar também o corpo da mulher, que era uma "propriedade" do homem. Todavia, não tem dinheiro que paga o amor nem o corpo e muito menos a sexualidade. De onde vinham essas moças? Vinham de famílias pobres, e os pais, para pagarem a dívida ao rei, davam a própria filha.

Embora a *Sulamita* fosse da roça, do meio rural, veio para o palácio do rei e passou a viver no luxo e conforto, mas isso não significava nada para ela, pois o que mais desejava era estar ao lado de seu amado, que também era da roça. Era objeto sexual do rei, era infeliz; não queria riquezas e sim aquilo que é mais bonito, profundo e que realiza o ser humano em plenitude: o amor.

2. Divisão do livro

O livro é composto por diversos poemas de amor, envolvendo a amada, o amado e o coro. Vamos dividi-lo assim:

a) poemas de amor da amada (1,2-7; 2,8—3,4; 4,16; 5,2-8.10-16; 6,2-3; 7,11—8,3.6-7);

b) poemas de amor do amado (1,9-11; 3,5; 4,1-15; 5,1; 6,4-12; 7,2-10; 8,4-5);

c) intervenção do coro (1,8.12—2,7; 3,6-11; 5,9; 6,1; 7,1);

d) poemas e acréscimos posteriores (8,8-14).

3. Explicando o Cântico dos Cânticos

"O amor... Homem algum deste mundo seria capaz de descrever e desvendar toda a grandeza dessa palavra. Na verdade, o amor é o que temos de mais profundo, de mais belo e mais divino."[30]

O amor brota do coração, espalha por todo o nosso ser, mas há sentimentos na vida que as palavras não conseguem expressá-los:

"O que mais poderia eu dizer,

O que mais poderia eu falar,

se todo o meu ser expressa

que eu só sei é te amar?

Você surgiu como um sonho

E tornou-se a pessoa mais querida;

O que mais poderia eu dizer,

Se você é a razão de minha vida?"

---

[30] Vide Prefácio do livro de ALBERTIN, Francisco. *Mistérios do amor.* 2 ed. Aparecida: Editora Santuário, 2000; o poema está na página 141.

O livro *Cântico dos Cânticos* mostra que, muito mais do que palavras, o importante é agir e, com gestos concretos, vivenciar os "mistérios do amor".

"Beije-me com os beijos de sua boca! Seus amores são melhores do que o vinho" (1,2), o beijo expressa intimidade, paixão, sacia os desejos e revela uma das facetas do amor.

"Como você é bela, minha amada, como você é bela!... Como você é belo, meu amado, e que doçura! Nosso leito é toda relva" (1,15-16).

"Macieira entre as árvores do bosque, é o meu amado entre os jovens; à sombra dele eu quis sentar, com seu doce fruto na boca. Dêem-me forças com maçãs, oh! Que estou doente de amor... Sua mão esquerda está sob a minha cabeça, e com a direita ele me abraça" (2,3-6).

"O meu amado fala e me diz: Levante-se, minha amada, formosa minha, venha a mim! Veja: o inverno já passou! Olhe: a chuva já se foi! As flores florescem na terra. Deixe-me ver a sua face, deixe-me ouvir a sua voz, pois a sua face é tão formosa e tão doce a sua voz! O meu amado é meu, e eu sou dele" (cf. 2,10-16).

"Em meu leito, pela noite, procurei o amado da minha alma. Procurei e não encontrei! Vou levantar-me, vou rondar pela cidade, pelas ruas, pelas praças, procurando o amado da minha alma... Encontrei o amado de minha alma. Agarrei-o e não vou soltá-lo, até levá-lo à casa de minha mãe, ao quarto daquela que me carregou no seio" (cf. 3,1-4). Essa passagem rompe barreiras impensáveis na época; primeiro, porque jamais uma concubina poderia deixar o leito para encontrar-se com outro homem que não fosse o rei; segundo, porque sair pela noite e passar pelos guardas era perigosíssimo e muito arriscado, pois poderia ser violentada sexualmente por eles: "Encontraram-me os guardas que rondavam a cidade. Bateram-me, feriram-me e tomaram-me o manto" (5,7); terceiro, porque era o homem quem deveria procurar a mulher e não o contrário, pois poderia ser chamada de prostituta nesse caso; quarto, porque era o homem quem deveria ir à casa do pai da mulher e pagar o "dote" (dinheiro) e nunca a mulher pegar o namorado e levá-lo à casa da mãe, isso era inverter os valores da época e quebrar o machismo reinante na sociedade.

"Você é bela, minha amada, e não tem um só defeito!" (4,7). Ela diz: "Sua boca é muito doce... Ele todo é uma delícia!" (5,16) – o amor é cego e não vê sequer um defeito enquanto namora, mas depois que casa...

Outra cena impressionante pelo seu significado é: "Eu sou do meu amado, seu desejo o traz para mim. Venha, meu amado, vamos ao campo, vamos pernoitar debaixo dos cedros, madrugar pelas vinhas. Vamos ver se a vinha floresce, se os botões estão abrindo-se, se as romãzeiras vão florindo: aí lhe darei o meu amor..." (7,11-13), é um grito libertador do corpo feminino, quando tudo era considerado impuro, até mesmo "Quando uma mulher tiver relações com um homem, os dois deverão tomar banho, e ficarão impuros até à tarde. Quando uma mulher tiver sua menstruação, ficará impura durante sete dias" (Lv 15,18-19). Na época de *Esdras* e *Neemias*, por volta do ano 400 a.C., mais do que nunca, essa lei estava em vigor. Em *Cântico dos Cânticos*, não se fala dessas leis nem de templos ou de qualquer outra coisa, a não ser do amor em sua "pureza" original; é um grito de desprezo àqueles que achavam que poderiam "comprar" o corpo, uma vez que eram os homens quem decidiam sobre a vida das mulheres, pois era o pai quem acertava o dote da filha com o namorado, independentemente se ela quisesse ou não; o marido era "proprietário do corpo da mulher".

A *Sulamita*, mesmo sendo concubina, é capaz de desafiar as leis da época, sair do palácio do rei, deixar a cidade, sinônimo de dinheiro e poder, e ir ao encontro da natureza em busca do verdadeiro e puro amor que morava na roça. É a mulher, considerada mais "fraca", que luta pelo "amor de sua alma", e não o homem, que era considerado "forte". Alguns não eram capazes de quebrar as barreiras da lei para chegar ao amor. "Para o amor, não existem fronteiras; quando quer acontecer, derruba as barreiras."[31]

Ainda hoje, podemos perguntar:

> "O que é o homem? O que é a mulher? Dois seres criados para o amor, em nome do amor e vivendo em busca da realização desse amor. Somos eternos pelo amor... Sob o luar, beijei seus lindos lábios e depois fomos dormir. Acordamos um ao lado do outro sob a chama do amor. Ouvi uma voz tão divina que estremeceu todo o meu ser: – Não existe luta entre Deus e o mundo, existe o amor".[32]

---

[31] Trecho da música: "A força do amor", do grupo Roupa Nova.
[32] ALBERTIN, Francisco. *Entre Deus e o Mundo*. 2 ed. Aparecida: Editora Santuário, 2002, p. 102.

"Deus é amor: quem permanece no amor permanece em Deus, e Deus permanece nele" (1Jo 4,16). Do amor humano se chega ao amor de Deus, mas as pessoas, ainda hoje, têm medo de viver e expressar o seu amor. Por muitos séculos, o amor foi reprimido, e muitas maldades humanas contaminaram o verdadeiro e puro amor... "Podemos deixar tudo no mundo, mas não podemos deixar de amar, pois o amor está presente em nosso ser e é o segredo de nossa felicidade."[33]

Para encerrar, nada melhor do que refletir sobre o significado do amor e até que ponto nós vivemos ou não no verdadeiro e puro amor.

"Grave-me, como selo em seu coração, como selo em seu braço; pois o amor é forte, é como a morte! Cruel como o abismo é a paixão. Suas chamas são chamas de fogo, uma faísca de Javé! As águas da torrente jamais poderão apagar o amor nem os rios afogá-lo. Quisesse alguém dar tudo o que tem para comprar o amor... seria tratado com desprezo" (8,6-7).

SAIBA MAIS...

- O que você entende por esta passagem: "Filhas de Jerusalém, eu conjuro vocês: não despertem, não acordem o amor, até que ele o queira!" (8,4)?

---

[33] Vide Prefácio do livro de ALBERTIN, Francisco. *Mistérios do amor*. 2 ed. Aparecida: Editora Santuário, 2000.

138

- Leia e medite sobre o capítulo 7 — poema belíssimo que fala sobre a dança e descreve as partes do corpo da mulher: "A dança é um ritual envolvente. Através dela o interior da pessoa — sensualidade, desejo, ternura, força, amor e outros sentimentos — expressa-se de dentro para fora, movendo o corpo ao sabor das emoções. A dança é a libertação do corpo e da alma, expressando o que a pessoa sente e também o que quer provocar nas outras pessoas. Neste poema, a dança da amada é o ritual com que ela envolve o amado, levando-o ao encontro íntimo, até a êxtase do beijo, onde os corpos e a respiração facilmente se unem".[34]
- Se você deseja conhecer mais uma história belíssima em que o amor luta contra tudo e contra todos e se realiza em seu mais puro sentido, leia o romance: "Mistérios do amor", de Francisco Albertin, Ed. Santuário.

SABEDORIA

1. Visão geral

Como o próprio nome diz, esse livro vai descrever o que é a *sabedoria*, mas este saber não está no sentido de

---

[34] STORNIOLO, Ivo; BALANCIN, Euclides M. *Como ler o Cântico dos Cânticos*. São Paulo: Edições Paulinas, 1991, p. 33.

cultura e acúmulo de informações com a ideia de faculdade e livros, no sentido intelectual e teórico. A *sabedoria*, na Bíblia, é a capacidade de perceber profundamente a realidade e as situações da vida e viver de acordo com o projeto e a vontade de Deus. *Sabedoria*, em outras palavras, é viver a vida de acordo com a vontade de Deus. Tanto é verdade que o próprio Jesus disse: "Eu te louvo, Pai, Senhor do céu e da terra, porque escondeste essas coisas aos sábios e inteligentes e as revelaste aos pequeninos. Sim, Pai, porque foi de teu agrado" (Mt 11,25-26).

Ao contrário do que muitas pessoas pensam, o livro da *Sabedoria* não foi escrito pelo Rei *Salomão*, isso se deve ao fato de uma passagem que diz: "Darei a você mente sábia e inteligente, como ninguém teve antes de você e ninguém terá depois" (1Rs 3,12); também ao fato do capítulo 9 descrever *Salomão* pedindo a sabedoria a Deus. Todavia, esse livro foi o último a ser escrito no Antigo Testamento, em grego, por volta do ano 50 a.C. Possivelmente, seu autor foi um judeu da cidade de Alexandria, no Egito.

2. Divisão do livro

A Bíblia Pastoral divide esse livro:
a) 1,1-16: a justiça é imortal;
b) 1,16—5: a *sabedoria* e o sentido da vida;
c) 6—9: a natureza da *sabedoria*;
d) 10—19: a *sabedoria* dirige a história.

3. Explicando o livro da Sabedoria

O livro da *Sabedoria* começa dizendo: "Amem a justiça, vocês que governam a terra. Pensem corretamente no Senhor e o procurem de coração sincero. Pois ele se deixa encontrar por aqueles que não o tentam, e se manifesta para aqueles que não recusam acreditar nele" (1,1-2). Fica claro que os reis devem governar de acordo com a justiça e que ela é um dom de Deus, concedido àqueles que o buscam de coração sincero. Naquela época, estava bem presente, no mundo, a Filosofia (filo = amigo + sofia = sabedoria), amigo da sabedoria. Outros se referem à "filosofia de vida", no sentido de estilo de vida e o modo de viver. Para não deixar dúvidas sobre o tipo de sabedoria, o autor diz:

> "O princípio da Sabedoria é o desejo autêntico de instrução, e a preocupação pela instrução é o amor. O amor é a observância das leis da Sabedoria. Por sua vez, a observância das leis é a garantia de imortalidade. E a imortalidade faz com que a pessoa fique perto de Deus. Portanto, o desejo pela sabedoria conduz ao reino" (6,17-20).

Para esclarecer ainda mais, "o livro da Sabedoria considera apenas duas categorias de pessoas: os justos e os injustos. Por trás dessa classificação está a visão da fé como fator determinante: quem conhece o Deus bíblico e é fiel a ele, é justo; quem não o conhece ou não lhe é fiel, é injusto".[35]

Ainda sobre os reis, o autor vai dizer: "O poder de vocês vem do Senhor, e o domínio vem do Altíssimo. Ele examinará as obras que vocês praticarem e sondará as intenções que vocês têm" (6,3). O poder, a *sabedoria* e tudo o que temos vêm de Deus.

> "Amei a sabedoria mais do que a saúde e a beleza, e resolvi tê-la como luz, porque o brilho dela nunca se apaga. Sem malícia, aprendi a sabedoria, e agora a distribuo sem inveja nenhuma. Não vou esconder sua riqueza porque ela é um tesouro inesgotável para os homens. Aqueles que a adquirem, atraem a amizade de Deus, porque são recomendados pelo dom da instrução dela" (7,10.13-14).
>
> ...
>
> "Mesmo que alguém fosse o mais perfeito dos homens, se lhe faltasse a sabedoria que provém de ti, ele de nada valeria" (9,6).

Na oração atribuída ao Rei *Salomão*, este, dirigindo-se a Deus, diz: "Contigo está a sabedoria que conhece as tuas obras e que estava presente quando criaste o mundo. Ela

---

[35] STORNIOLO, Ivo. *Como ler o livro da Sabedoria*. São Paulo: Editora Paulus, 1993, p. 18.

sabe o que é agradável aos teus olhos e o que é conforme aos teus mandamentos" (9,9).

Há de ficar claro que "a justiça perfeita está em conhecer a ti, e conhecer que o teu poder é a raiz da imortalidade" (15,3). A justiça vem de Deus e a imortalidade também. Esse pensamento é importantíssimo e tem a noção do poder de Deus sobre a morte (ressurreição?). "Sim, porque tu tens poder sobre a vida e a morte, e fazes descer às portas do reino dos mortos, e de lá subir" (16,13).

SAIBA MAIS...

- Descrição da justiça como imortal (1,1-15).
- A importância da justiça (6,12-21).
- Hino da sabedoria (9,1-18).

Eclesiástico

1. Visão geral

O nome *Eclesiástico* é bem parecido com o outro livro, o *Eclesiastes*. O livro recebeu esse nome por causa do grande uso que a Igreja (*Ekklesia*) fazia dele, por ser cheio de conselhos referentes à sabedoria, à lei, à família e a muitos outros assuntos.

Foi escrito em grego, por volta de 190/180 a.C.

Em relação ao autor e seu objetivo, há:

"Jesus, filho de Sirac, neto de Eleazar de Jerusalém, gravou neste livro uma instrução de sabedoria e ciência, derramando como chuva a sabedoria de seu coração. Feliz o homem que medita nessas coisas, pois quem as coloca no coração se tornará sábio. Se as colocar em prática, será forte em tudo, porque a luz do Senhor é o seu caminho" (50,27-29).

No prefácio, consta que um de seus netos o traduz do hebraico para o grego, isto por volta de 130 a.C.

Na época, a visão do mundo exaltava o "masculino" e suas qualidades: a atividade, a força, a iniciativa, a agressividade, a competitividade, o raciocínio, a lei, a ordem eram o que contavam. Em relação às qualidades "femininas": a doçura, a receptividade, a sensibilidade, a intuição, a delicadeza, o jeito carinhoso, que só as mulheres têm, eram tidas, até certo ponto, como negativas. Resumindo: o livro é machista. Todavia, a obra deve ser vista em seu todo.

É um livro que nos ajuda muito com seus conselhos. Foi bastante utilizado pela Igreja Cristã primitiva e é considerado como um dos principais autores do judaísmo; denuncia a cultura grega, que fascinava os judeus, e muitos destes deixavam ser levados pela filosofia, pelos costumes, esportes e outras questões do mundo grego; mostra que o sistema grego era injusto e causava desigualdade, produzindo quase que um abismo entre ricos e pobres; exorta os judeus a manterem sua identidade, cultura e lei.

2. Divisão do livro

A Bíblia Pastoral o divide em quatro partes:
a) a sabedoria de Israel: caminho para a vida (1—33,18);
b) prática da sabedoria (33,19—42,14);
c) a grandeza e a sabedoria de Deus (42,15—50);
d) conselhos diversos (51).

3. Explicando o livro do Eclesiástico

O livro procura mostrar qual é a verdadeira sabedoria e, neste sentido, tem alguns pontos em comum com o livro da *Sabedoria*. "Toda sabedoria vem do Senhor e está com ele para sempre. Ele a repartiu entre os seres vivos, conforme sua generosidade, e a concedeu a todos aqueles que o amam" (1,1.8).

Todavia, aborda muitos outros temas e diversos conselhos:

"Meu filho, se você se apresenta para servir o Senhor, prepare-se para a provação. Tenha coração reto, seja constante e não desanime nas dificuldades. Una-se ao Senhor e não se separe. Aceite tudo o que lhe acontecer e seja paciente nas dificuldades. Confie no Senhor, e ele o ajudará; seja reto em seu caminho, e espere no Senhor" (2,1-6);

"Muitos já se perderam por causa de uma bela mulher, porque o amor por ela queima como fogo" (9,8);

"A beleza da mulher alegra o rosto e supera todos os desejos do homem. Se nos lábios dela existem bondade e doçura, o seu marido é o mais feliz dos homens" (36,22-23);

Cuidado com a filha para não passar da hora de se casar nem ficar grávida antes do casamento (cf. 42,9-10).

Em relação à vida em família:

"O Senhor quer que o pai seja honrado pelos filhos, e confirma a autoridade da mãe sobre os filhos. Quem honra o próprio pai alcança o perdão dos pecados, e quem respeita sua mãe é como quem ajunta um tesouro" (3,2-4).

Quanto ao amigo:

Devemos ter muitos conhecidos, mas um só confidente entre mil; existe amigo de ocasião, que se transforma em inimigo, que é companheiro de mesa, mas na pior não estará ao nosso lado (cf. 6,5-17);

"Amigo fiel é proteção poderosa, e quem o encontrar terá encontrado um tesouro. Amigo fiel não tem preço, e o seu valor é incalculável" (6,14-15).

Em relação aos ricos:

"O rico comete injustiça e ainda ameaça; o pobre é injustiçado e ainda precisa pedir desculpas. Enquanto você for útil, o rico o explorará; mas quando você precisar, ele o abandonará [...] Para o orgulhoso, a humildade é humilhação, e para o rico, o pobre é detestável. Quando o rico tropeça, seus amigos o sustentam. Quando o pobre cai, seus amigos o rejeitam. Quando o rico comete um erro, muitos o defendem; e se ele diz tolices, os outros o aprovam. Quando o pobre erra, todos o condenam; e quando fala com bom senso, ninguém o escuta. Quando o rico fala, todos se calam e elevam até às nuvens o seu talento; quando o pobre fala, as pessoas perguntam: 'Quem é esse fulano?' E quando tropeça, o ajudam a cair" (cf. 13,3-4.20-23);

"Não há riqueza maior que a saúde do corpo nem maior satisfação que um coração contente" (30,16).

SAIBA MAIS...

- Respeito para com os pais (3,1-16).
- Perigos de se envolver com mulheres (9,1-9).
- Cuidados com ricos e poderosos (13).
- A mulher virtuosa e boa esposa (26,1-18) – "Como o sol levantando-se sobre as montanhas do Senhor, assim é a beleza da mulher em sua casa bem arrumada. Como lâmpada brilhando no candelabro sagrado, tal é a beleza do rosto num corpo bem acabado" (26,16-17).
- O sentido da vida (40,18-27).

Quarta parte

LIVROS PROFÉTICOS

OS LIVROS PROFÉTICOS — OS PROFETAS

A profecia, na Bíblia, começou com o regime da monarquia (reis), no século XI a.C.

Em hebraico, o profeta era chamado de *Nabi*, isto é, "o que é chamado". Em grego, foi traduzido por *Prophêtes*. A palavra vem do verbo *phêmi* (dizer, falar), mais o prefixo *pro* (falar em lugar de, em nome de). Para resumir tudo isso, podemos dizer que profeta é alguém que fala em nome de Deus, é alguém chamado por Deus para ser seu mensageiro. A profecia não é um movimento tipicamente israelita, mas de muitos outros povos.

A missão do profeta é anunciar a Palavra de Deus e denunciar as injustiças e o pecado. Muitos acham que o profeta é aquele que "advinha o futuro" e só; isso não é correto, pois profeta é aquele que age em nome de Deus libertador, analisa o presente e mostra o projeto de Deus para o futuro, ou seja, ele pode profetizar sobre acontecimentos futuros, mas isso não é a essência última, pois o seu maior compromisso é com a vida do povo e a denúncia de tudo aquilo que não é vontade de

Deus, bem como as injustiças e todo e qualquer tipo de atentado contra a vida.

O primeiro profeta a anunciar o *Messias* (Jesus), o Filho de Deus, foi *Natã* na época do Rei *Davi* (séc. X a.C.).

"E eu estabelecerei o trono real dele para sempre. Serei para ele um Pai e ele será um filho para mim" (2Sm 7,13-14). O mesmo profeta denuncia o pecado de *Davi* com *Betsabéia*, a mulher de *Urias* (cf. 2Sm 12).

Muitas vezes atribuímos aos profetas somente o papel religioso, e esquecemos que sua missão tem também o caráter político; muitos deles criticaram os abusos do poder, denunciaram reis, lutaram em favor dos pobres e oprimidos, tendo a justiça por medida. Resultado: não é difícil deduzir que foram mortos. Acima de tudo, o profeta é aquele que faz uma experiência pessoal de Deus em sua vida e luta por um mundo com mais justiça, mais amor, mais Deus, e pela dignidade das pessoas mais pobres. Muitos deles pregaram a necessidade de uma verdadeira conversão e anunciaram um Deus que salva e liberta.

Há, nos *livros proféticos*, aqueles profetas que deixaram alguns escritos.

São profetas maiores: *Isaías, Jeremias, Ezequiel* e *Daniel*. Os demais são chamados de profetas menores: *Amós, Joel, Jonas, Miqueias, Sofonias* e outros.

Hoje todos os cristãos são chamados a ser profetas, ou seja, a anunciar a Palavra de Deus e denunciar as injustiças, lutando para que o Reino de Deus seja realidade no meio de nós.

De modo geral, vamos dar uma visão dos 18 *livros proféticos*, aprofundando um pouco mais no Profeta *Amós*, porque ele foi o primeiro a nos deixar escritos por volta de 760-750 a.C. e porque é considerado o "profeta da justiça social". Em seus escritos, o direito e a justiça constituem o fio condutor e, mais do que nunca, ainda hoje precisamos lutar pelo direito e pela justiça; sua mensagem é muito atual.

Isaías

1. Visão geral

Os escritos do Profeta *Isaías* é o mais utilizado no Novo Testamento, principalmente no Evangelho de Mateus. Assim, têm início: "Visão de Isaías, filho de Amós, sobre Judá e Jerusalém, no tempo de Ozias, Joatão e Ezequias, reis de Judá" (1,1).

Ozias reinou entre 781-740 a.C. *Isaías* possivelmente nasceu por volta de 760 a.C., era natural de Jerusalém e exerceu sua atividade por volta de 740 a.C., não era filho de *Amós*, o profeta, mas de outro *Amós*. *Isaías* significa "Deus é salvação" e sua vocação dá-se no templo: "No ano que morreu o rei Ozias, eu vi o Senhor sentado num trono alto e elevado. A barra do seu manto enchia o Templo [...] Ouvi, então, a voz do Senhor que dizia: 'Quem é que vou enviar? Quem irá de nossa parte?' Eu respondi: Aqui estou. Envia-me" (6,8).

Em relação à situação social do começo da época de *Isaías*, pode-se dizer que tanto Judá como Israel estavam "bem" política e economicamente, mas, como sempre, havia várias injustiças: ricos cada vez mais ricos e pobres cada vez mais pobres, corrupção e exploração do trabalho dos pobres.

Mas, com a expansão do Império Assírio, os imperadores *Teglat-Falasar III* (745-727 a.C.), *Salmanasar V* (726-722 a.C.) e *Sargon II* (721-705 a.C.) mudaram e inverteram todo esse quadro político e econômico. Israel do Norte foi totalmente destruído em 722 a.C. e Judá permaneceu aos "trancos e barrancos", pagando tributos (impostos) a Assíria e tendo "interferência política".

Isaías diz:

> "Ai de vocês, nação pecadora, povo carregado de crimes, raça de perversos, filhos renegados. Vocês abandonaram Javé [...] O país de vocês está devastado, as cidades incendiadas; as terras são devoradas por estrangeiros, bem diante dos olhos de vocês. É a desolação como devastação de estrangeiros" (1,4.7).

Ainda resta uma esperança: "Se vocês estiverem dispostos a obedecer, comerão os frutos da terra; mas se vocês recusam e se revoltam, serão devorados pela espada. Assim fala a boca de Javé" (1,20).

Como sabemos, o país de Judá foi totalmente destruído em 586 a.C., quando a Babilônia o invadiu e exilou muitos judeus. Surpreendentemente, o livro de *Isaías* tem 66 capítulos e narra acontecimentos de 740 a.C. até 400 a.C. Como isto é possível? *Isaías* viveu mais de 340 anos? Na verdade, temos o primeiro, o segundo e o terceiro *Isaías*. Como? Vamos passar agora para a divisão geral desse livro e ficará mais fácil entendê-lo.

2. Divisão do livro

Conforme já dito, esse livro é dividido em três partes:

1. *Primeiro Isaías* (Cap. 1—39): escrito pelo Profeta *Isaías* por volta de 740-701 a.C.; a preocupação central é mostrar a santidade de Deus; a nação pode ser salva, mas tem de ser fiel a Deus: "As mãos de vocês estão cheias de sangue. Lavem-se, purifiquem-se, tirem de minha vista as maldades que vocês praticam. Parem de fazer o mal, aprendam a fazer o bem" (1,15-17); mostra que as alianças políticas e o poder não geram vida, esta só é possível se o povo for fiel à lei e à justiça.

2. *Segundo Isaías* (Cap. 40—55): um profeta anônimo que, durante o exílio da Babilônia (586-538 a.C.), acrescentou esses capítulos ao livro de *Isaías*, escrevendo uma mensagem de esperança e consolação aos que estavam no exílio. Deus continua com seu povo, basta converter e mudar de vida. É uma mensagem de esperança rumo à libertação:

> "Agora, porém, assim diz Javé, aquele que criou você, Jacó, aquele que formou você, ó Israel: não tenha medo, porque eu o redimi e o chamei pelo nome, você é meu. Quando você atravessar a água, eu estarei com você e os rios não o afogarão; quando você passar pelo fogo, não se queimará e a chama não o alcançará, pois eu sou Javé seu Deus, o Santo

de Israel, o seu Salvador. Para pagar a sua liberdade, eu dei o Egito, a Etiópia e Sabá em troca de você, porque você é precioso para mim, é digno de estima e eu o amo" (43,1-4).

3. *Terceiro Isaías* (Cap. 56—66): o povo está livre do exílio e em Jerusalém. Todavia, ainda continua explorado e massacrado pelos governantes judeus e pelo Império Persa. A comunidade do "Terceiro Isaías", por volta de 520-400 a.C., denuncia os abusos do poder e convoca a todos para lutar pela justiça, pelo amor, e "criar um novo céu e uma nova terra" (65,17).

3. Explicando o Profeta Isaías

Como dissemos acima, profeta é aquele que denuncia os erros e pecados: "Ai de vocês, nação pecadora, povo carregado de crimes, raça de perversos, filhos renegados. As mãos de vocês estão cheias de sangue..." (1,4.15) e anuncia a Palavra de Deus: "Parem de fazer o mal, aprendam a fazer o bem: busquem o direito, socorram o oprimido, façam justiça ao órfão, defendam a causa da viúva" (1,17). Não é fácil ser profeta. Na verdade, denunciar os reis e poderosos de Israel e de outros países era sinônimo de morte e quase todos os profetas foram martirizados. Possivelmente, *Isaías* foi "partido ao meio" por *Manassés* por volta de 687 a.C.

Dentre as várias **profecias de Isaías**, vamos destacar algumas:

— "Pois saibam que Javé lhes dará um sinal: A jovem (a virgem) concebeu e dará à luz um filho e o chamará pelo nome de Emanuel" (7,14). O anjo, quando anuncia a Maria que ela seria a mãe do filho de Deus, deixa claro: "Tudo isso aconteceu para cumprir o que o Senhor havia dito pelo profeta: 'Vejam: a virgem conceberá e dará à luz um filho. Ele será chamado pelo nome de Emanuel, que quer dizer: Deus está conosco'" (Mt 1,22-23).

— Em 5,1-7, temos o cântico da vinha que foi plantada com amor e carinho e não produziu frutos. Essa mesma narrativa vai aparecer em Mt 21,33-45. A vinha é o povo eleito, o proprietário é Deus, os servos são os profetas, o Filho morto é Jesus, os vinhateiros homicidas são os infiéis aos planos de Deus.

— "O povo que andava nas trevas viu uma grande luz, e uma luz brilhou para os que habitam nas trevas. Porque nasceu para nós um menino, um filho nos foi dado: sobre o seu ombro, está o manto real, e ele se chama 'Conselheiro Maravilhoso', 'Deus forte', 'Pai para sempre', 'Príncipe da paz'" (9,1.5), confere com Mt 4,14-16.

Em 11,1-9, é descrito o modelo de uma sociedade ideal com justiça e paz.

O próprio Jesus, na discussão com os fariseus, vai dizer: "Hipócritas! Bem profetizou *Isaías* a vosso respeito, quando disse: 'Este povo me honra com os lábios, mas o seu coração está longe de mim. Em vão me prestam culto, pois o que ensinam são apenas mandamentos humanos'" (Mt 15,7-9).

No *Segundo Isaías* (40—55), importantíssimo são os quatro cânticos do servo sofredor:

a) 42,1-9: "Ele é o meu escolhido, nele tenho o meu agrado";

b) 49,1-9: "Faço de você uma luz para as nações, para que minha salvação chegue até os confins da terra";

c) 50,4-11: "Apresentei as costas para aqueles que me queriam bater e ofereci o queixo aos que me queriam arrancar a barba, e nem escondi o meu rosto dos insultos e escarros";

d) 52,13—53,12: "Foi oprimido e humilhado, mas não abriu a boca; tal como cordeiro, ele foi levado para o matadouro. Foi preso, julgado injustamente; e quem se preocupou com a vida dele? Pois foi cortado da terra dos vivos e ferido de morte... ele carregou os pecados de muitos e intercedeu pelos pecadores".

De quem *Isaías* está falando? Muitos dizem que esses cânticos do servo sofredor se concretizam na pessoa de Jesus no momento de sua paixão, carregando a cruz rumo ao calvário; mostram que Jesus foi desprezado e rejeitado pelos homens e que ele carregava as nossas dores em suas costas; tal como um cordeiro, ele era levado para o matadouro; entrega a sua vida em reparação aos nossos pecados. Vale a pena ler todos esses cânticos e compará-los com a Paixão de Jesus descrita pelos evangelistas.

"Uma voz grita: Abram no deserto um caminho para Javé; na região da terra seca, aplainem uma estrada para o nosso Deus" (40,3). Como é do nosso conhecimento, em Mt 3,3, é cumprida essa profecia na pessoa de João Batista.

"Como são belos sobre os montes os pés do mensageiro que anuncia a paz, que traz a boa notícia, que anuncia a salvação, que diz a Sião: 'Seu Deus reina'" (52,7).

"Procurem Javé enquanto ele se deixa encontrar; chamem por ele enquanto está perto" (55,6).

"Da mesma forma como a chuva e a neve, que caem do céu e para lá não voltam sem antes molhar a terra, tornando-a fecunda e fazendo-a germinar, a fim de produzir semente para o semeador e alimento para quem precisa comer, assim acontece com a minha palavra que sai de minha boca: ela não volta para mim sem efeito" (55,10-11).

"O jejum que eu quero é este: acabar com as prisões injustas, desfazer as correntes do jugo, pôr em liberdade os oprimidos e despedaçar qualquer jugo; repartir a comida com quem passa fome, hospedar em sua casa os pobres sem abrigo, vestir aquele que se encontra nu, e não se fechar à sua própria gente" (58,6-7).

No *Terceiro Isaías* (56—66), começa dizendo: "Assim diz Javé: Observem o direito e pratiquem a justiça, porque a minha salvação está para chegar e a minha justiça vai manifestar-se" (56,1).

Jesus, quando vai expulsar os vendedores do Templo, diz: "Está escrito: Minha casa será chamada casa de oração" (Mt 21,13) – esta profecia está em *Isaías* 56,7.

> "Jesus foi à cidade de Nazaré, onde se havia criado. Conforme seu costume, no sábado entrou na sinagoga e levantou-se para fazer a leitura. Deram-lhe o livro do profeta Isaías. Abrindo o livro, Jesus encontrou a passagem onde está escrito: 'O Espírito do Senhor está sobre mim, porque me ungiu. Ele me enviou para dar a boa notícia aos pobres, para curar os corações feridos, para proclamar a libertação dos escravos e pôr em liberdade os prisioneiros, para promulgar o ano da graça.'

Em Lc 4,16-21, Jesus fala que cumpriu essa passagem que é de *Isaías* 61,1.

SAIBA MAIS...

- Vocação de Isaías (6,1-10).
- Uma sociedade ideal e de amor (11,1-9).
- Leia o quarto cântico do servo sofredor (52,13—53,12) e compare com a Paixão de Jesus.
- O verdadeiro jejum que Deus quer (58,3-9).

JEREMIAS

1. Visão geral

Jeremias é da tribo de *Benjamim*, sacerdote da cidade de Anatot, e sua profecia aconteceu entre os anos 627-586 a.C. A vocação da profecia é a seguinte:

> "Antes de formar você no ventre de sua mãe, eu o conheci; antes que você fosse dado à luz, eu o consagrei, para fazer de você profeta das nações. Mas eu respondi: 'Ah, Senhor Javé, eu não sei falar, porque sou jovem'. Javé, porém, me disse: 'Não diga 'sou jovem', porque você irá para aqueles a quem eu o mandar e anunciará aquilo que eu lhe ordenar. Não tenha medo deles, pois eu estou com você para protegê-lo" (1,5-8).

Ainda hoje, quando Deus nos chama a sermos profetas, temos a "tentação" de nos afastarmos da vontade dele e sempre arrumamos desculpas. Deus quer o nosso "sim" ao seu plano e não precisamos ter medo, pois Ele nos protege.

Jeremias viveu numa época muito difícil no sentido político e econômico; primeiro, com o enfraquecimento do império da Assíria, o Rei *Josias* (Judá), que subiu ao trono quando tinha apenas oito anos de idade, já adulto, procura anexar a região de Israel do Norte, que tinha sido dominada pela Assíria em 722 a.C., e se recusa a pagar impostos; faz uma reforma religiosa falando que havia encontrado no templo "o livro da Lei" e combate a idolatria, mas na famosa batalha de Meguido o *Faraó Necao*, do Egito, o matou (cf. 2Rs 23,29), no ano 609 a.C. Egito e Babilônia começam a disputar Judá.

> "Jeremias adverte os israelitas que os babilônios, em breve, invadirão o país. Por causa disso, ele é aprisionado como traidor. Assim mesmo, Jeremias continua denunciando o povo que se esqueceu de Deus, por falsear o culto, pela falsa segurança, pelas idolatrias e pelas injustiças sociais. E aponta os principais responsáveis: são as pessoas importantes que detêm o poder em Jerusalém."[36]

Jeremias estava certo, pois, em 597 a.C., aconteceu a primeira deportação, quando *Nabucodonosor*, em 586 a.C., des-

---

[36] BÍBLIA edição pastoral. 8 ed. São Paulo: Edições Paulinas, 1993, p. 1009.

trói completamente Jerusalém, queima o templo e as casas, mata milhares de soldados de Israel, leva as pessoas mais importantes para o exílio na Babilônia e deixa o povo simples e pobre na roça para cultivar a agricultura e pagar impostos. Tudo indica que *Jeremias* foi obrigado a fugir para o Egito.

2. Divisão do livro

A Bíblia Pastoral o divide em:
a) oráculos contra Judá e Jerusalém (1,4—25,14);
b) o julgamento universal de Javé (25,15-38);
c) profecias de esperança (26—35);
d) sofrimentos de *Jeremias* (36—45);
e) Javé julga as nações (46—51);
f) acréscimo posterior (52).

3. Explicando o Profeta Jeremias

Jeremias é chamado de "profeta das nações e das lamentações"; desde o ventre materno, já tinha sido escolhido por Deus para tal missão; profetiza contra as nações e lamenta que o povo de Israel não siga os preceitos de Deus, que não se converte, que é destruído por causa das infidelidades e que comete muitas injustiças, ao invés da justiça.

Oráculos são palavras, sentenças ou decisões que a divindade responde ou até mesmo pede que um mensageiro diga para o povo; nesse caso, a palavra ou conselho tem grande autoridade. Algumas passagens importantes:

"Mas semelhante à mulher que trai o seu marido, assim me traiu a casa de Israel. Voltem, filhos rebeldes, e eu os curarei da sua rebeldia" (3,20.22).

"Se vocês endireitarem seus caminhos e sua maneira de agir; se começarem a praticar o direito cada um com o seu próximo; se não oprimirem o estrangeiro, o órfão e a viúva; se não derramarem sangue inocente neste lugar (templo) e não correrem atrás dos deuses estrangeiros que lhes trazem a desgraça: então eu continuarei morando com vocês neste lugar" (7,5-7).

"Assim diz Javé: que o sábio não se glorie da sua sabedoria, o forte não se glorie da sua força, e o rico não se glorie de sua riqueza. Se alguém quer glorificar-se, que se glorie de conhecer e compreender que eu sou Javé, que na Terra estabeleço o amor, o direito e a justiça, pois é disso que eu gosto – oráculo de Javé" (9,22-23).

"O coração é mais enganador que qualquer outra coisa, e dificilmente se cura: quem de nós pode entendê-lo? Eu, Javé, penetro o coração e sondo os pensamentos, para pagar a cada um conforme o seu comportamento e segundo o fruto de suas ações" (17,9-10).

"Por acaso será que não posso fazer com vocês, ó casa de Israel, da mesma forma como agiu esse oleiro? — oráculo de Javé. Como barro nas mãos do oleiro, assim estão vocês em minhas mãos, ó casa de Israel" (18,6).

"Tu me seduziste, Senhor, e eu me deixei seduzir. Foste mais forte do que eu e venceste. Sirvo de piada o dia todo e todo mundo caçoa de mim. Eu me dizia: 'Não pensarei mais nele, não falarei mais no seu nome!'. Era como se houvesse no meu coração um fogo ardente, fechado em meus ossos. Estou cansado de suportar, não aguento mais!" (20,7.9).

"Vejam que vão chegar dias — oráculo de Javé — em que eu farei brotar para Davi um broto justo. Ele reinará como verdadeiro rei e será sábio, pondo em prática o direito e a justiça no país. Em seus dias, Judá estará a salvo e Israel viverá em paz; a ele darão o nome de 'Javé, nossa justiça'" (23,5-6).

"Assim diz Javé: Quando se completarem setenta anos na Babilônia, eu olharei pra vocês e cumprirei minhas promessas, trazendo-os de volta para este lugar. Quando vocês me invocarem, rezarão a mim, e eu os ouvirei. Vocês me procurarão e me encontrarão se me buscarem de todo o coração; eu me deixarei encontrar e mudarei a sorte de vocês" (cf. 29,10-14).

A exemplo de *Jeremias*, também nós nos devemos deixar "seduzir" pela Palavra de Deus e seu projeto. Apesar de todas as dificuldades que enfrentamos num mundo que é dominado pelo poder, corrupção e violência, devemos ser "profetas" para que outros convertam a Deus através da nossa vivência de cristãos.

SAIBA MAIS...

- Vocação de Jeremias (1,4-10).
- Deus e o oleiro (18,1-10).
- Sedução do profeta pela Palavra de Deus (20,7-12).

LAMENTAÇÕES

1. Visão geral e divisão

Muitos pensam que foi o Profeta *Jeremias* quem escreveu as *Lamentações*. De fato, temos esta passagem: "Jeremias compôs uma lamentação em honra de Josias, e até hoje cantores ainda cantam essa lamentação por Josias. Tornou-se um cântico tradicional em Israel e se encontra nas Lamentações" (2Cr 35,25).

Mas, ao que tudo indica, não foi ele, o autor é anônimo e teria vivido possivelmente em Israel, durante o exílio da Babilônia (586-538 a.C.).

Lendo as *Lamentações*, percebemos a angústia, o desespero e o sofrimento do povo que ficou em Israel.

Sua divisão é simples: há cinco lamentações em cinco capítulos, sendo que as quatro primeiras são baseadas nas vinte e duas letras do alfabeto hebraico.

2. Explicando as Lamentações

São chamadas de "cantos fúnebres" ou "poemas de dor"; descrevem a destruição de Jerusalém e a realidade do momento que é de dor, miséria, fome, exílio e falta de esperança.

> "Ai! Como está solitária a capital do povo!
> A primeira entre as nações está como viúva.
> Quem era líder entre os povos, agora paga tributo.
> Banhada em lágrimas a face, passa a noite chorando.
> De todos os seus amantes, não há nenhum que a console.
> Todos os seus aliados a traíram, tornando-se para ela inimigos" (1,1-2).

Importante é observar que, na liturgia da Semana Santa, para celebrar a Paixão de Cristo, na procissão de Sexta-feira santa, no canto da Verônica, temos um trecho das *Lamentações*, colocado na boca de Jesus: "Vocês todos que passam pelo caminho, olhem e prestem atenção: haverá dor semelhante à minha dor?" (1,12).

"Grite de coração ao Senhor, ó muralha da capital de Sião;
derrame rios de lágrimas, dia e noite;
você não deve parar de chorar, nem descansar seus
olhos" (2,18).

"O amor de Javé não acaba jamais e
sua compaixão não tem fim.
Pelo contrário, renovam-se a cada manhã:
'Como é grande a tua fidelidade!'
Digo a mim mesmo: 'Javé é minha herança.
Por isso nele espero" (3,22-24).

"Porque o Senhor não rejeita para sempre.
Embora ele castigue, ele se compadecerá
com grande amor,
porque é contra o seu desejo humilhar e castigar
os homens" (3,31-33).

"Lembra-te, Javé, do que aconteceu;
olha bem, para ver a vergonha por que passamos!
Nossa herança passou para estrangeiros,
nossas casas são agora de gente estranha.
Agora somos todos órfãos,
pois perdemos o nosso pai;
nossas mães ficaram viúvas.
Por isso, o nosso coração está doente
e os nossos olhos embaçados.
Faze que voltemos para ti, Javé, e voltaremos;
renova os tempos passados" (5,1-3.17.21).

167

SAIBA MAIS...

• Se quiser, leia uma ou as cinco lamentações.

BARUC

1. Visão geral

Em *Jeremias* 36,4, temos: "Então Jeremias chamou Baruc, filho de Nerias, que escreveu num pergaminho tudo o que Javé tinha dito a Jeremias e que este ia ditando", mas o autor desse livro não é *Baruc*, secretário de *Jeremias*, e sim um anônimo que teria escrito por volta de 120-100 a.C.

Não é um livro de estilo profético, e sim na linha sapiencial; exorta o povo a viver as tradições, a justiça e a sabedoria. Tudo o que está acontecendo é devido ao pecado do povo que se afastou da Lei de Deus e adoraram outros deuses. Se houver uma conversão e o povo seguir os mandamentos de Deus, poderá, de novo, sentir as suas maravilhas e caminhar com ele.

Esse livro não está presente na Bíblia Hebraica e nem na Bíblia Evangélica, pois foi escrito provavelmente em grego.

2. Divisão do livro

Parece ficar claro que esse livro tem a seguinte divisão:
a) introdução histórica (1,1-14);
b) a questão do pecado e súplica a Deus (1,15—3,8);

c) exortações sapienciais e restauração de Jerusalém (3,9—5,9);

d) carta de *Jeremias(?)* (6).

3. Explicando o livro de Baruc

Baruk, em hebraico, significa "bendito" ou "abençoado". Ao que tudo indica, é um livro de caráter mais sapiencial, para exortar o povo de Israel a se manter firme na fé, na cultura e não deixar ser levado pelos costumes de outros povos, principalmente, gregos.

O "dogma da retribuição" está bem presente nesse livro, ou seja, se o povo está na pior, foi exilado, é porque pecou contra Deus e desobedeceu aos seus mandamentos, mas se o povo se converter e mudar de vida, continua ainda a promessa:

"Farei com eles uma aliança eterna: eu serei o Deus deles e eles serão o meu povo. Nunca mais vou expulsar meu povo Israel da terra que lhe dei" (2,35).

"Se você estivesse andando nos caminhos de Deus, teria sempre vivido em paz. Aprenda agora onde está a prudência, a força e a inteligência, para compreender onde está a vida longa, onde está a luz dos olhos e a paz" (3,13-14).

"Coragem, meus filhinhos! Clamem a Deus, e ele os livrará da opressão e das mãos dos inimigos.

De minha parte, espero da mão do Eterno a salvação de vocês; já chegou para mim a alegria que vem do Deus santo, porque o Eterno, seu salvador, logo terá misericórdia de vocês" (4,21-22).

"Coragem, meus filhos, clamem a Deus! Ele mesmo que os provou se lembrará de vocês. Da mesma forma como lhes veio, um dia, a ideia de abandonar a Deus, agora voltem a procurá-lo com redobrado empenho. Aquele que lhes enviou tanta desgraça lhes mandará também a alegria eterna da salvação" (4,27-29).

"Jerusalém, tire a roupa de luto e de aflição e vista para sempre o esplendor da glória que vem de Deus. Vista o manto da justiça de Deus e ponha na cabeça a coroa gloriosa do Eterno, pois Deus mostrará o esplendor de você a todos os que vivem debaixo do céu. Deus dará para você um nome para sempre: Paz-da-Justiça e Glória-da-Piedade" (5,1-4).

SAIBA MAIS...

- Pecados do povo (1,15-22).
- O motivo do exílio para Baruc (3,1-8).
- A sabedoria é dom de Deus (3,32—4,4).

EZEQUIEL

1. Visão geral

Ezequiel significa "Deus é minha fortaleza ou força"; viveu na época do exílio da Babilônia, num período de muito sofrimento, escravidão, tristeza e, ao mesmo tempo, de fé e de esperança; era sacerdote e recebeu a vocação e missão de profeta; exerceu sua atividade entre 593 (1,2) até 571 (29,17) a.C.; é o profeta da esperança e procura confortar o povo que passa por um momento difícil.

Ezequiel insiste que Deus está junto do povo que deve converter — "Darei para vocês um coração novo e colocarei um espírito novo dentro de vocês. Tirarei de vocês o coração de pedra, e lhes darei um coração de carne" (36,26) — para que viva de acordo com a vontade de Deus; deixa claro que só Deus é o Pastor e Ele mesmo cuidará com carinho e amor de suas ovelhas: o povo (34). Jesus Cristo também utiliza muito essa linguagem de *Ezequiel* e afirma que ele é o "Bom Pastor" (Jo 10,11).

Deus faz a sua parte, cabe agora ao povo mudar de vida, praticar o bem, obedecer aos mandamentos de Deus e, após o exílio, construir um mundo melhor com mais amor, liberdade e justiça.

2. Divisão do livro

De acordo com a Bíblia da CNBB, esse livro está dividido em cinco partes:

171

a) a vocação do profeta (1—3);
b) o castigo de Jerusalém (4—24);
c) o castigo das nações (25—32);
d) a restauração do povo (33—39);
e) a nova Jerusalém e o povo novo (40—48).

3. Explicando o Profeta Ezequiel

O livro começa com visões do profeta: "estando eu junto com os exilados à beira do rio Cobar, de repente se abriram os céus e eu tive visões divinas" (1,1).

Visões revelam, muitas vezes, a presença de Deus e sua mensagem ou outras situações humanas; utilizam-se de muitos símbolos, figuras e coisas misteriosas que, na maioria das vezes, são difíceis de entendê-las.

Em *Daniel*, que utiliza uma linguagem apocalíptica, vamos explicá-las melhor, muito embora, em *Ezequiel*, existem já alguns elementos apocalípticos:

> "Ouviu-se um barulho. Por cima da cúpula que ficava sobre as cabeças dos animais havia algo parecido com uma pedra de safira, em forma de trono; e nele, bem no alto, algo parecido com um ser humano. Vi em volta dele uma coisa como brilho faiscante, parecendo fogo, bem junto dele. Esse brilho em torno dele parecia o arco-íris, que aparece nas nuvens em dia de chuva. Era a aparência visível da glória de Javé. Quando vi, caí imediatamente com o rosto no chão, e ouvi a voz de alguém que fala-

va comigo. Ele disse: 'Criatura humana, fique de pé, que eu vou falar com você'. Foi só ele falar assim, e entrou em mim um espírito que me fez ficar de pé. Ele me disse: 'Criatura humana, vou mandar você a Israel, a esse povo rebelde. Os filhos são arrogantes e têm coração de pedra. Abra a boca e coma o que eu vou lhe dar'. Ele me disse: 'Criatura humana, coma isso; coma esse rolo, e depois vá levar a mensagem para a casa de Israel.' Então eu abri a boca e ele me deu o rolo para comer. Eu comi e pareceu doce como mel para o meu paladar" (cf. 1,25—3,3).

A vocação profética de *Ezequiel* é descrita de maneira visionária; foi uma experiência que ele teve da presença de Deus, utilizando-se da teofania — manifestação de Deus através de nuvens, tempestade e relâmpagos. O trono mostra que Deus é rei e juiz, espécie de um ser de luz. O espírito é o sopro, o vento, a vida, não tem nada a ver com espiritismo. Também nós somos profetas e, de espécie alguma, devemos ter "visão" para isso. Na verdade, nós fazemos a experiência de Deus e recebemos sua graça no nosso batismo. O profeta deve dizer o que Deus quer, se as pessoas vão ouvir ou não, problema delas; agora se o profeta não anunciar e se omitir, Deus vai pedir contas a ele da vida dos outros (cf. 3,16ss.).

Outra passagem que nos questiona:

"É grande demais a injustiça da casa de Israel e de Judá! O país está cheio de violência e a cidade cheia de injustiça. E eles pensam: 'Javé abandonou

o país e não está vendo nada!' Por isso, não terei dó
nem piedade, mas sobre eles farei cair as consequên-
cias do seu próprio comportamento" (9,9-10).

Se o mundo está mau ou bom, isto se deve às atitudes
do ser humano, Deus faz a sua parte.

Uma passagem muito bonita e de esperança para os exilados:

> "Assim diz o Senhor Javé: Eu vou recolher vocês
> do meio dos povos, vou ajuntá-los de todos os países
> para os quais foram levados, e lhes darei depois a terra
> de Israel. Darei a eles um coração íntegro, e coloca-
> rei no íntimo deles um espírito novo. Tirarei do peito
> deles o coração de pedra e lhes darei um coração de
> carne. Tudo isso para que sigam meus estatutos e po-
> nham em prática as minhas normas. Então eles serão
> o meu povo, e eu serei o seu Deus" (11,17-20).

E o nosso coração é de pedra ou de carne?

Deus é justo e conhece, em plenitude, o coração e a atitude de cada um. Ele quer que o ser humano tenha liberdade, amor e seja feliz.

> "O filho nunca será responsável pelo pecado do
> pai, nem o pai será culpado pelo pecado do filho. O
> justo receberá a justiça que merece e o injusto pagará
> por sua injustiça. Se o injusto se arrepende de todos
> os erros que praticou e passa a guardar meus esta-

tutos e a praticar o direito e a justiça, então ele permanecerá vivo, não morrerá. Tudo de mau que ele praticou, não será mais lembrado, e ele permanecerá vivo, por causa da justiça que praticou. Por acaso, eu sinto prazer com a morte do injusto? — oráculo do Senhor Javé. O que eu quero é que ele se converta dos seus maus caminhos e viva" (18,20-23).

Deus quer a vida, a justiça, a conversão e o amor.

Diante de um texto bíblico, às vezes nem sempre a mensagem é aquela que apresenta ser; devemos entender as figuras e os símbolos que, muitas vezes, querem transmitir-nos outro ensinamento. Assim, há entre muitos outros textos:

"Criatura humana, havia duas mulheres, filhas da mesma mãe. Desde moças, elas se prostituíram no Egito. Desde que caíram na prostituição, deixaram estranhos acariciar seus seios e apalpar seus peitos de adolescente. A mais velha se chamava Oola e a mais nova Ooliba. Elas eram minhas esposas e tiveram filhos e filhas. Oola é Samaria e Ooliba é Jerusalém. Oola ainda estava comigo quando se prostituiu, deixando-se seduzir pelos seus amantes, os assírios, militares. Ela se deixou seduzir e acabou contaminando-se com seus ídolos imundos. Ela ainda não tinha esquecido seu tempo de prostituta no Egito, quando, ainda criança, já dormiam com ela, apertavam seus seios de adolescente e tinham relações com ela. Sua irmã Ooliba viu tudo. E as paixões foram ainda mais indecentes que as dela, e a sua prostituição foi mais desavergonhada" (cf. 23,1-8.11).

Parece um texto pornográfico, mas não é. *Ezequiel* mostra Samaria (Oola) — capital de Israel do Norte — e Jerusalém (Ooliba) — capital de Israel do Sul — simbolizando todo o povo que comete idolatria, isto é, que adora outros deuses como *Marduk, Baal, Bezerro de ouro* etc. O profeta usa a infidelidade ou prostituição como símbolo dos que seguem outros deuses, diferente do plano de Javé. Essa imagem de prostituição fica evidente em *Oseias*, que estudaremos mais adiante, que mostra que Deus é o esposo e Israel a esposa. Ora, Deus sempre é fiel, mas o povo comete idolatria (prostituição) e é infiel a seu verdadeiro Deus.

"Eu mesmo conduzirei as minhas ovelhas para o pasto e as farei descansar. Procurarei aquela que se perder, trarei de volta aquela que se desgarrar, curarei a que machucar, fortalecerei a que estiver fraca" (34,15-16), na comparação do profeta, os pastores são as autoridades políticas que, em vez de cuidarem do povo (ovelhas), só se preocupam com os seus interesses; no Salmo 22, podemos observar com clareza: "O Senhor é o meu Pastor e nada me faltará"; Jesus afirma: "Eu sou o bom pastor: conheço minhas ovelhas e elas me conhecem" (Jo 10,14); Jesus atribui a si mesmo essa figura do Bom Pastor que cuida com carinho e amor de suas ovelhas (o povo).

"Profetize, dizendo: Ossos secos, ouçam a palavra de Javé! Assim diz o Senhor Javé a esses ossos: Vou infundir um espírito, e vocês reviverão" (37,4-5), é a convocação do espírito de Deus para libertar, renovar a vida do povo explorado, oprimido e exilado. É o desejo de ser diferente e ter dignidade que deve levar o povo a unir e construir uma vida nova "de acordo com o espírito de Deus".

SAIBA MAIS...

- Sobre a vocação e missão profética de Ezequiel (2,1—3,11).
- Deus não castiga ninguém e quer a conversão e vida para todos (18,19-32).
- Compare o texto 34,11-16 com João 10,1-18 sobre a questão do "Bom Pastor".

DANIEL

1. Visão geral

Daniel significa "Deus julga" ou "Deus é meu juiz".

É um livro muito diferente dos outros que vimos até agora, porque ele usa a "linguagem apocalíptica". *Apokalypsis* é um termo grego que significa "tirar o véu, revelar". Muitas vezes é uma revelação acerca do futuro, mas que desperta para uma vivência da Lei de Deus no presente. É um livro que utiliza muito uma linguagem figurada e cheia de símbolos, o que dificulta a sua compreensão, pois cada símbolo tem um significado.

Para nós hoje, a linguagem apocalíptica é estranha e misteriosa, mas para o povo da época era comum e muitas vezes sabia interpretar o que o autor queria dizer.

O autor viveu no período do *Rei Antíoco IV Epífanes*, na época da revolta dos *Macabeus*, que teve início em 167 a.C., e durou muitos anos, muito embora os acontecimentos do livro descrevam fatos ocorridos por volta do século VI a.C., na época que *Nabucodonosor*, rei da Babilônia, domina Jerusalém e exila muitos do povo de Deus, dentre estes alguns sábios como: *Daniel*, *Ananias*, *Misael* e *Azarias*.

O livro, a exemplo de *Judite*, não está preocupado com a parte histórica, e sim em incentivar o povo a lutar e resistir. *Daniel* não poderia falar de modo claro e nem incentivar o povo a lutar, senão ele seria morto. Então, usa a linguagem simbólica e figurada, sonhos e visões, mostrando que Deus é o Senhor da História e consegue unir o povo em torno do ideal de liberdade, de vida e de manter a identidade e cultura do povo judeu, que estava ameaçado pelo decreto do Rei *Antíoco IV Epífanes*, ou seja, de que os povos dominados seguissem os costumes gregos. Para maiores detalhes, leia a explicação dos livros de *Macabeus*.

Todavia, esse livro foi escrito na época dos *Macabeus*, por volta de 175-164 a.C., pois não menciona a reconquista do templo e nem a independência da Palestina.

2. Divisão do livro

O livro foi escrito em três línguas: hebraico, aramaico e grego. A parte em grego (Dn 13 e 14) não consta na Bíblia

Hebraica e nem na Bíblia dos evangélicos, ambas têm *Daniel* até o capítulo 12.

A divisão parece ser em três partes:

a) são narrativas para sustentar a fé, manter a fidelidade ao projeto de Deus e lutar contra os opressores (1—6);

b) os reinos do mundo e a implantação do reino de Deus: Deus é o Senhor da História (7—12);

c) parte em grego que narra a belíssima história de *Susana*, a destruição dos ídolos e *Daniel* na cova dos leões (13—14).

3. Explicando o Profeta Daniel

O livro de *Daniel* mostra que os poderosos do mundo são um "nada" diante do poder de Deus.

Daniel, Ananias, Misael e *Azarias* começam a trabalhar para o Rei *Nabucodonosor*, mas os seus nomes são mudados para *Baltassar, Sidrac, Misac, Abdênago,* respectivamente; era um modo de prevalecer a cultura local e de o povo dominado perder a própria identidade.

O rei tem um sonho e ficou assustado; ninguém dos adivinhos consegue revelar o sonho; *Daniel (Baltassar)* revela e interpreta esse sonho.

O sonho era de uma grande estátua, em que a cabeça era de ouro, o peito e os braços de prata, a barriga e coxas eram de bronze, os pés eram de ferro e parte de barro. *Daniel* passa a noite em oração e diz: "Que o nome do Senhor seja louvado, desde agora e para sempre, pois a ele pertencem a sabedoria e o poder" (2,20). E a interpretação do sonho é a seguinte: o ouro significa o Império Babilônio; a prata, o Império Medo; o bronze, o Império Persa; e o ferro/barro, o Império Grego. A pedra, que rola sem ninguém tocar, é o Reino de Deus que vai destruir toda a estátua e os impérios; será um reino eterno no amor e na justiça. Diante disso, até o rei reconhece que: "O Deus de vocês é o Deus dos deuses, o Senhor dos reis; ele revela mistérios e segredos" (2,47).

A questão da idolatria também é comentada nesse livro. Ídolo é tudo aquilo que ocupa o lugar de Deus no nosso coração. O rei *Nabucodonosor* mandou fazer estátua de ouro de trinta metros e pediu para que todos adorassem. Os três jovens: *Ananias, Misael* e *Azarias* (*Sidrac, Misac* e *Abdênago*) não adoraram e foram jogados em uma fornalha de fogo. Deus os salvou e eles cantaram agradecendo e louvando a Deus: "Bendito és tu, Senhor Deus de nossos pais, a ti, glória e louvor para sempre" (3,52), o ideal é ler todo o capítulo 3, o qual possui 100 versículos; no final, o rei reconhecerá que não existe outro deus igual ao nosso Deus.

Depois houve um decreto do rei *Dario*, sendo que todos que rezassem para outro deus, que não fosse o deus do rei, seriam jogados em uma cova de leões (6,8). *Daniel* reza ao verdadeiro Deus e foi jogado na cova dos leões. No outro dia, ao ver que Deus tinha conservado *Daniel* vivo e sem nenhum arranhão, o que foi um verdadeiro milagre, o rei mandou publicar um decreto.

> "Paz e prosperidade! Estou promulgando o seguinte decreto: por toda a parte aonde chega o poder da minha autoridade de rei, todos estão obrigados

a temer e respeitar o Deus de Daniel, pois ele é o Deus vivo, que permanece para sempre; seu reino nunca será destruído e seu domínio não conhecerá fim. Ele salva e liberta, faz sinais e prodígios no céu e na Terra. Ele salvou Daniel das garras dos leões" (6,27-28).

Um texto-chave e importantíssimo em *Daniel*:

"Em minhas visões noturnas, tive esta visão: entre as nuvens do céu vinha alguém como um filho de homem. Chegou até perto do Ancião e foi levado à sua presença. Foi-lhe dado poder, glória e reino, e todos os povos, nações e línguas o serviram. O seu poder é um poder eterno, que nunca lhe será tirado. E o seu reino é tal que jamais será destruído" (7,13-14).

Deus é o Senhor da História, que tem poder sobre os reis e reinos. "O misterioso filho de homem é uma personificação do povo fiel, que recebe de Deus o reino que durará para sempre. O Novo Testamento vê Jesus, o instaurador do Reino de Deus, como esse misterioso filho de homem que vem do céu".[37] Diversas vezes, Jesus atribui a si mesmo esse título de "Filho do Homem" no Novo Testamento (Mt 9,6; 11,19; 12,8; 25,31 etc.).

Em 11,40—12,4:

---

[37] BÍBLIA edição pastoral. 8 ed. São Paulo: Edições Paulinas, 1993, p. 1155.

181

"O autor descortina o futuro, onde o persegui-
dor será destruído e as forças do mal serão vencidas.
Na luta final, intervém Miguel, o anjo que protege o
povo escolhido: são as forças celestes unindo-se aos
fiéis, que na terra lutam pela causa de Deus. A grande
angústia inaugura o tempo da salvação: também os
mártires que resistiram até o fim participarão da vitória final através da ressurreição, enquanto os infiéis
se perderão definitivamente. É um dos textos mais
claros do Antigo Testamento sobre a ressurreição".[38]

Literalmente, o texto diz: "Então o seu povo será salvo,
todos os que estiverem inscritos no livro. Muitos dos que dormem no pó despertarão: uns para a vida eterna, outros para
a vergonha e a infâmia eternas" (12,1-2), isso é uma grande
surpresa para muitos, pois, no Antigo Testamento, na época
de *Daniel* (170 a.C.), já se tinha certa noção de que haveria
uma outra vida, além desta nossa vida, mas os detalhes da
ressurreição e da outra vida eterna somente Jesus disse com
clareza e certeza: "Eu sou a ressurreição e a vida, quem crê em
mim, ainda que esteja morto, viverá. E todo aquele que crê e
vive em mim, não morrerá jamais" (Jo 11,25-26).

No capítulo 13 de *Daniel*, há uma linda e bela história,
a história de *Susana*. Ela era casada com *Joaquim* e tinha filhos; era muito bonita; dois juízes, na época, apaixonaram-se
por ela; um dia, quando ela foi tomar banho no jardim, um

---

[38] Bíblia edição pastoral. São Paulo: Edições Paulinas, 8 ed. 1993, p. 1161.

encontra o outro e armam um plano: "Olhe! Os portões do jardim estão fechados e ninguém está vendo a gente. Nós estamos desejando você. Concorde conosco, vamos manter relações. Se não concordar, nós acusamos você, dizendo que um rapaz estava aqui com você". *Susana* deu um suspiro e disse: "A coisa está complicada para mim de todos os lados: se eu fizer isso, estou condenada à morte; mas eu prefiro dizer 'Não' e cair nas mãos de vocês a cometer pecado contra Deus". E gritou. Os juízes narraram uma falsa história que ela estava tendo relações com um rapaz que fugiu. Ora, a lei era: "Se um homem for pego em flagrante tendo relações sexuais com uma mulher casada, ambos serão mortos" (Dt 22,22). Então, no desespero, *Susana* diz em alta voz: "Deus eterno, que conheces o que está escondido e tudo vês antes que aconteça, tu sabes bem que eles deram falso testemunho contra mim. Vou morrer, mas sem ter feito nada disso de que me acusam".

Então, Deus despertou o espírito no jovem *Daniel* que disse:

"Eu não tenho nada a ver com a morte dessa mulher. Estou inocente. Como vocês são idiotas, israelitas! Sem julgamento e sem uma ideia clara, vocês acabaram de condenar à morte uma israelita! Voltem para o tribunal, porque foi falso o testemunho desses homens contra ela".

Daniel separa os dois, e um diz que *Susana* estava pecando debaixo de um lentisco, e o outro disse que era debaixo de um carvalho. Descobriram então que o testemunho era falso, e *Susana* foi salva. Os dois juízes foram mortos e *Daniel* teve grande prestígio entre o povo.

SAIBA MAIS...

- O sonho do Rei Nabucodonosor e a interpretação feita por Daniel (2).
- Leia toda a narrativa de Daniel e seus companheiros jogados na "fornalha de fogo" e o lindo cântico de Azarias (3,1-100).
- Daniel na Cova dos Leões (6,11-29).
- A belíssima história de Susana e a vocação de Daniel (13).

OSEIAS

1. Visão geral

Oseias quer dizer "Deus salva"; é um profeta desconcertante, que fala do amor, da ternura, da idolatria e da prostituição; exerceu sua atividade em Israel do Norte, que o profeta chama simplesmente de "Efraim", entre os anos 750-725 a.C.

Naquela época, a Assíria tinha um grande império, e o Imperador *Teglat-Falasar III* começou a cobrar impostos, ocupar cidades, tomar terras produtivas e escravizar populações. *Jeroboão II* fez de Israel uma grande potência e os governantes estavam orgulhosos de suas conquistas e do poder econômico; morreu em 743 a.C. Outros reis tentaram manter essas conquistas militares, mas nada disso resolveu, pois, em 722 a.C., o Reino de Israel do Norte é derrotado e torna-se escravo da Assíria durante o reinado de *Salmanasar V*. Nesse período, há muitas guerras, mortes, violência e injustiças, o que leva *Oseias* a dizer: "Javé abre um processo contra os moradores do país, pois não há mais fidelidade, nem amor, nem conhecimento de Deus no país. Há juramento falso e mentira, assassínio e roubo, adultério e violência; e sangue derramado se ajunta a sangue derramado" (4,1-2).

Diante de uma sociedade, onde os reis e ricos "escravizavam" os pobres, a religião era utilizada para dominar o povo, e onde eram cometidas as mais terríveis injustiças, *Oseias* vem denunciar tudo isso, mostrando que o projeto de amor de Deus era muito diferente do que estava acontecendo; lamenta que "um espírito de prostituição está dentro deles e, por isso, não conhecem a Javé" (5,4).

2. Divisão do livro

O livro é dividido em três partes:
a) 1—3: simbolismo do casamento de *Oseias* com uma prostituta;
b) 4—11: crimes e pecados de um povo "prostituto", Israel;
c) 12—14: visão geral dos pecados de Israel e profecia de salvação.

3. Explicando o Profeta Oseias

A imagem do casamento e da prostituição predomina nesse livro, bem como a questão do amor e da ternura. "Javé disse a Oseias: 'Vá! Tome uma prostituta e filhos da prostituição, porque o país se prostituiu, afastando-se de Javé'. Então Oseias foi e tomou Gomer, filha de Deblaim" (1,2-3).

Dessa experiência matrimonial com a prostituta, nascem três filhos. O primeiro é *Jezrael*, que significa "Deus semeia" e se torna símbolo de súplica. É o nome dado ao vale, onde o rei *Jeú* derramou muito sangue; significa "violência", "poder" e "dominação".

O segundo é uma menina que recebe o nome de *Não-Compadecida*. Mostra que Deus é desprezado pelo povo e que segue outros deuses e ídolos. Nesse caso, Deus não terá compaixão de Israel.

O terceiro chama-se *Não-Meu-Povo*, simbolizando que foi rompida a aliança entre Deus e seu povo.

O casamento de *Oseias* com uma prostituta é de difícil explicação, pois pode ter sido uma experiência real ou simbólica. O fato é que "Nesse dia — oráculo de Javé — você me chamará 'Meu marido' e não mais 'Meu ídolo'. Eu me casarei com você para sempre, me casarei com você na justiça e no direito, no amor e na ternura. Eu me casarei com você na fidelidade e você conhecerá Javé" (2,18.21-22), aqui *Oseias* utiliza a imagem de Deus (Javé) como esposo e Israel como a esposa. O casamento é visto como uma aliança de amor entre Deus (esposo) e o povo (esposa).

"Não se alegre, Israel, não faça festa como os outros povos. Traindo o seu Deus, você agiu como prostituta" (9,1), prostituição, nesse caso, não está no sentido sexual, mas é uma imagem utilizada para demonstrar a infidelidade do povo para com o seu Deus.

O casamento e a fidelidade que Deus quer com o seu povo é a vivência do amor, da ternura, do direito e da justiça; é nesse sentido que Deus quer "casar-se" e estabelecer uma aliança de amor para com o seu povo.

Oseias critica uma sociedade onde "não há mais fidelidade, nem amor, nem conhecimento de Deus no país. Há juramento falso e mentira, assassínio e roubo, adultério e violência; e sangue derramado se ajunta a sangue derramado" (4,1-2); critica os sacerdotes e cultos religiosos, pois estes se "esqueceram da lei do seu Deus" (cf. 4,6) e "Eu não vou castigar suas filhas por se prostituírem, nem suas noras por cometerem adultério, pois vocês mesmos andam com prostitutas e sacrificam com as prostitutas sagradas. Um povo sem entendimento caminha para a perdição" (4,14).

Embora descrevamos o que é a "prostituição sagrada", quando referíamos à serpente em Gênesis, são necessários agora outros esclarecimentos. *Oseias* critica os sacerdotes e reis que manipulam uma festa popular da colheita nas eiras, com interesses de obter mais dinheiro e pessoas para formar seus exércitos e oprimir o povo.

> "As famílias das aldeias fazem a festa da colheita nas eiras, com muita dança, comida e celebrações religiosas para agradecer a gratuidade do Deus da vida e da terra. Nesses rituais, várias divindades são cultuadas, por exemplo, Baal, o deus da chuva, e Asherá, a deusa da fertilidade. De acordo com a visão de mundo daquele tempo, são

as divindades que fecundam a terra e multiplicam a produção."[39]

Talvez não tenha ficado claro o que são as eiras.

> "As eiras eram locais onde se depositava a colheita e onde se faziam as celebrações comunitárias, as festas do povo, com seus rituais de fertilidade em agradecimento às divindades pelas colheitas abundantes e pelas novas crias. Os sacerdotes e agentes do Estado se apropriam da religião do povo e utilizam os rituais de fertilidade para aumentar os nascimentos e a arrecadação de tributos."[40]

Os sacerdotes e agentes do rei manipulavam a fé do povo e seus rituais para que houvesse mais gente no mundo e pessoas para fazer parte do exército e ter mais impostos. O pecado maior é do sacerdote e dos reis, pois eles próprios têm, dentro de si, um "espírito de prostituição" (cf. 5,4), e não são fiéis aos ensinamentos de Deus. Será que ainda temos muitas pessoas se "prostituindo" hoje?

Oseias vai ressaltar que Deus não quer um culto sem sentido, "pois eu quero amor e não sacrifícios, conhecimento de Deus mais do que holocaustos" (6,6). Jesus se refere a

---

[39] CENTRO Bíblico Verbo. *No amor e na ternura a vida renasce*. São Paulo: Editora Paulus, 2005, p. 64.
[40] CENTRO Bíblico Verbo. *No amor e na ternura a vida renasce*. São Paulo: Editora Paulus, 2005, p. 72.

essa passagem duas vezes no evangelho de Mateus 9,13 e 12,7 quando diz: "Aprendam, pois, o que significa: 'Eu quero misericórdia e não o sacrifício'".

> "Quando Israel era menino, eu o amei. Do Egito chamei o meu filho; e no entanto, quanto mais eu chamava, mais eles se afastavam de mim: ofereciam sacrifícios aos baais, queimavam incenso aos ídolos. O meu povo é difícil de se converter: é chamado a olhar para o alto, mas ninguém levanta os olhos" (11,1-2.7).

> "Israel, converta-se para Javé, seu Deus, pois você tropeçou na sua própria culpa" (14,2).

Deus sempre acolhe todos, mesmo que tenham pecados graves e desde que queiram mudar de vida e seguir seus mandamentos.

SAIBA MAIS...

- Casamento de Oseias com a prostituta Gomer (1—3).
- Deus é pai-mãe e caminha com o seu povo (11).
- A questão da conversão (14,2-9).

JOEL

1. Visão geral

Pouco se sabe sobre a época histórica da profecia de *Joel*, cujo nome significa "Javé é Deus".

Os exegetas acreditam que a data mais provável de sua redação seja por volta de 400 a.C., porque ele não comenta muito sobre reis, faz alusões ao exílio e ao templo reconstruído. Israel (na época província Assíria), para ele, não são as tribos do norte, e sim Judá e Jerusalém.

Joel é muito importante hoje, pois é muito utilizado na liturgia de quaresma que fala sobre a penitência e principalmente por ser o profeta do "Espírito". O espírito de Javé é dado, no Antigo Testamento, aos reis para governarem com sabedoria (?), aos sacerdotes e profetas. Ocorre que *Joel* diz claro que o espírito de Deus será derramado sobre todos os viventes, os filhos e as filhas, e até sobre os escravos e escravas. Numa sociedade machista, isso se questiona muito, pois as mulheres também tornarão profetas; questiona-se ainda a questão da escravidão, pois também eles são filhos e filhas de Deus.

2. Divisão do livro

Muito fácil dividir esse livro que tem duas partes:
a) 1—2: a invasão de gafanhotos ou (Exércitos?) e apelo
   à conversão;
b) 3—4: o dia de Javé e o julgamento de Deus.

O fio condutor desse livro se dá em torno do "Dia de Javé" (1,15; 2,1-11; 3,4-5; 4,9ss.).

3. Explicando o Profeta Joel

Joel descreve uma situação de crise e desespero. Gafanhotos invadem o país, mas, na verdade, eles representam o exército inimigo que devora as roças e a terra fica de luto, onde a alegria dos homens desaparece, "pois uma nação poderosa e sem conta invadiu o meu país" (1,6).

Descreve depois como será o "Dia de Javé" (cf. 2,1-11), que será de trevas e escuridão, e não de luz e alegria para os israelitas, conforme muitos pensavam; diz que é Javé (Deus) quem vai julgar todas as nações (capítulo 4), mas, sobre o "Dia de Javé", vamos dar maiores detalhes no próximo profeta, que é *Amós*, pois ele comenta o que esse dia significa.

Joel é muito utilizado na liturgia da quaresma e em rito de penitência. De fato, melhor do que ninguém, ele conseguiu captar que Deus quer uma conversão profunda e do coração, não de ritos exteriores, de aparência ou fingimento: "Voltem para mim de todo o coração, fazendo jejum, choro e lamentação. Rasguem o coração, e não as roupas! Voltem para Javé, o Deus de vocês, pois ele é piedade e compaixão, lento para cólera e cheio de amor, e se arrepende das ameaças" (2,12-13).

Antigamente, quando um povo, uma comunidade ou alguém queria mudar de vida, eles faziam jejum e vestiam-se de saco e sentavam-se em cinzas, muitos rasgavam suas vestes; era um rito exterior, mas depois muitos deles voltavam a oprimir, explorar e matar. *Joel* é claro: "Rasguem o coração, e não as roupas!". A mudança só acontece se ela for de coração. Maiores detalhes sobre esse rito de penitência, vamos estudar no profeta *Jonas*.

Todavia, uma profecia importantíssima no Antigo Testamento é esta:

> "Depois disso, derramarei o meu espírito sobre todos os viventes, e os filhos e filhas de vocês se tornarão profetas; entre vocês, os velhos terão sonhos e os jovens terão visões! Nesses dias, até sobre os escravos e escravas derramarei o meu espírito! Então, todo aquele que invocar o nome de Javé será salvo" (3,1-2.5).

Essa profecia se cumpre em At 2,16-21, na descida do Espírito Santo sobre os Apóstolos, quando nasce a Igreja e eles profetizam. *Pedro* é o primeiro a dizer que o que estava acontecendo já tinha sido anunciado pelo profeta *Joel*.

SAIBA MAIS...

- Sobre a verdadeira conversão (2,12-17).
- Sobre o dom do Espírito de Deus sobre as pessoas, leia o capítulo 3.
- Sobre o dia de Pentecostes, quando se cumpriu a profecia de Joel (At 2,1-21).

AMÓS

1. Visão geral

Amós é o primeiro profeta a deixar escritos no Antigo Testamento por volta de 760 a.C., e é considerado o "profeta da justiça social".

Provavelmente, era o que podemos chamar hoje de "boia-fria", pois trabalhava na agricultura, como vaqueiro e pastor. Morava na zona rural da cidade de Técua, ao Sul de Israel, e foi exercer a sua profecia no Reino do Norte. Viveu na época de *Jeroboão II* (783-743 a.C.). Naquela época, Israel era uma grande potência econômica e tinha um grande poderio militar. Poucos viviam no luxo e na riqueza, e a maioria do povo, na pobreza e miséria. Os ricos estavam cada vez mais ricos e os pobres cada vez mais pobres. Há diferença hoje?

Amós é importantíssimo e fundamental em suas denúncias, pois vai criticar a questão do direito e da justiça. Antigamente, não tinha tribunal, como hoje, com vários processos, juízes, advogados e outros. O povo concentrava-se no "portão", que era o local de entrada da cidade, aldeia ou vilarejos. Geralmente, havia uma praça, não necessariamente, onde o povo se reunia perante anciãos ou pessoas escolhidas para o julgamento de pequenas ou grandes causas. *Amós* critica que só os ricos venciam no tribunal, pois os "juízes", muitas vezes, "tinham horror de quem falava a verdade, cometiam numerosos crimes e pecados, aceitavam subornos e enganavam os necessitados no tribunal" (cf. 5,10-12). *Amós* critica a falta de justiça e diz: "Odeiem o mal e amem o bem; restabeleçam o direito no tribunal" (5,15). Há muita diferença hoje?

Jesus diz: "Buscai em primeiro lugar o Reino de Deus e a sua justiça" (Mt 6,33). A justiça é fundamental e essencial para se construir um mundo melhor e de acordo com o projeto de Deus. Muitos dizem que Deus é misericordioso, mas não podem esquecer que Deus também é justiça.

2. Divisão do livro

Podemos dizer que há certo consenso entre os biblistas quanto à composição do livro, sendo:

a) 1,1-2: introdução;

b) 1,3—2,16: oráculos contra as nações;

c) 3,1—6,14: oráculos contra Israel;

d) 7,1—9,10: as cinco visões e alguns oráculos;

e) 9,11-15: profecia final de salvação (provavelmente não é de *Amós*).

3. Explicando o Profeta Amós[41]

No que se refere ao julgamento das nações, algumas coisas são interessantes: ele sempre começa com "Assim diz Javé",

---

[41] Se você deseja adquirir maiores informações e explicações de toda a profecia de Amós, seu contexto e outros detalhes, leia o meu livro em co-autoria com Armando Fernandes Filho: *Justiça, um sonho eterno*, da Editora Ideias & Letras, Aparecida.

mostrando que é o próprio Deus que o leva a dizer e que não são palavras suas pessoais e nem são palavras que qualquer outra pessoa queira dizer. Depois, usa sempre a expressão "por três crimes de... e pelo quarto, eu não vou perdoar".

Não era novidade nenhuma, os profetas, naquela época, pronunciarem maldições contra o que podemos chamar de "inimigos de Israel", onde havia exatamente o que temos: ameaças de castigo. Em *Amós*, temos algumas novidades, pois ele fala das nações vizinhas para poder chegar aos seus ouvintes israelitas. Estes ficavam felizes com o que os profetas falavam contra as outras nações, que eram chamadas de pagãs.

Especificamente, *Amós* profere oráculos contra sete nações:

a) Damasco — "porque moeram Galaad com grade de ferro" (1,3): o território de Galaad foi destruído de maneira violenta e cruel. Deus não é imparcial, Ele condena todo e qualquer crime injusto.

b) Filisteia — "porque fizeram cativo um povo inteiro para entregá-lo a Edom" (1,6): aqui eles eram acusados de cometer crimes referentes à escravidão. Deus quer o homem livre e não escravo.

c) Tiro — "porque fizeram cativo um povo inteiro para entregá-lo a Edom, sem respeitar o pacto de irmãos" (1,9): crime de escravidão semelhante ao da Filisteia, mais a agravante de ter violado um pacto, uma palavra. Deus quer que todos vivam como irmãos e não como inimigos.

d) Edom — "porque perseguiram seus irmãos com espada, sem ouvir a voz do sangue fraterno, e porque acenderam sua raiva para sempre, guardando ódio eterno" (1,11): crítica violentíssima contra Edom. Como sabemos, *Rebeca*, esposa de *Isaac*, teve filhos gêmeos: *Esaú* e *Jacó*. O primeiro foi chamado de Edom (cf. Gn 25,30) e o segundo, de Israel (cf. Gn 32,29). Como os dois irmãos "lutavam dentro do ventre materno", *Rebeca* consultou Javé, que disse: "Em seu ventre há duas nações, dois povos se separam em suas entranhas. Um povo vencerá o outro, e o mais velho servirá ao mais novo" (Gn 25,23). A crítica de *Amós* é ferrenha, no sentido de que "irmão não pode matar irmão", tem de respeitar o sangue de parentesco, nunca deve deixar o ódio dominar sobre o amor. Deus quer o amor reinando no coração do homem.

e) Amon — "porque rasgaram o ventre das mulheres grávidas de Galaad, só para alargar suas fronteiras" (1,13): a crítica é contra os crimes de guerra e a barbaridade absurda dos soldados Amonitas que mataram crianças inocentes. Outra crítica também é destruir vidas para se ter um território maior. Vida por dinheiro ou pelo poder de dominar.

f) Moab — "porque eles queimaram até as cinzas os ossos do rei de Edom" (2,1): é uma crítica contra uma lei que pedia para sepultar os mortos. Aliás, sepultar os mortos estava entre as obras de piedade dos judeus (cf. Tb 2,8). Não sepultar seria deixar o defunto em situação de maldição. Daí, a crítica em relação a Moab que não deu sepultura ao rei de Edom.

Até agora, tivemos oráculos contra seis nações. Viria agora a sétima e última dessa série de denúncias. Provavelmente, os israelitas vibraram quando *Amós* começou a criticar Judá, isto por dois motivos: primeiro, porque existia uma grande rivalidade entre Judá e Israel e, segundo, porque terminava assim a série de denúncias, e Israel não estava entre elas...

g) Judá — "porque desprezaram a lei de Javé e não guardaram os seus mandamentos, tomando um caminho no rastro das mentiras que um dia seus pais já tinham seguido" (2,4): crítica que se refere à infidelidade de Judá com relação à lei de Javé descrita no Levítico e também com relação aos dez mandamentos. Outra crítica seria com relação aos ídolos que os pais tinham seguido, talvez alusão ao bezerro de ouro (Êx 32,1ss.). Deus condena a idolatria e exige que o seu povo cumpra os seus mandamentos.

Por esta ninguém esperava, mas...

"Assim diz Javé: Por três crimes de Israel e pelo quarto, eu não vou perdoar: porque vendem o justo por dinheiro e o necessitado por um par de sandálias; pisoteiam os fracos no chão e desviam o caminho dos pobres! Pai e filho dormem com a mesma jovem, profanando assim o meu nome santo. Diante de todos os altares eles se deitam sobre roupas penhoradas e no templo do seu deus bebem o vinho de juros" (2,6-8).

Rompe-se a série de sete nações e chega-se à oitava, exatamente Israel do Norte, onde tinha a prosperidade, a riqueza, a glória de dominar povos vizinhos e a economia em pleno desenvolvimento.

Todos os crimes de Israel, para serem exatos sete, têm a ver com a justiça, pois *Amós* é o profeta da justiça social. São eles:

1) "Vendem o justo por dinheiro": justo é aquele que procura viver de acordo com a vontade de Deus, aquele que é inocente. Aqui demonstra um desprezo por todos aqueles que eram devedores, seja ao rei ou a qualquer outro credor. Levavam em conta só o dinheiro e não a inocência do justo, eis aqui o grande crime.

2) "E o necessitado por um par de sandálias": a Bíblia de Jerusalém traduz como "indigente", aquele que pede e necessita de ajuda. O caso das sandálias é um pouco mais complicado de entender. Em Deuteronômio 25,9-10, elas estão ligadas à questão da Lei do Levirato, ou seja, quando uma mulher ficava viúva sem que tivesse um filho do sexo masculino, deveria ser desposada por seu cunhado, cujo primeiro filho era considerado do defunto e recebia parte da herança. Essa lei tinha por finalidade garantir a descendência e estabilidade do bem da família. Em *Rute* 4,7, temos: "Ora, antigamente era costume em Israel, em caso de resgate ou de herança para validar o negócio, um tirar a sandália e entregá-la ao outro; era esse o modo de testemunhar em Israel". Quando alguém tinha uma pequena dívida e que deveria pagar, mas não tinha como pagá-la, deveria entregar sua sandália. *Amós* critica a injustiça que esse gesto de entre-

gar as sandálias significava; gesto de quem devia pouca coisa ou quase nada e tinha de entregar sua propriedade ao credor. Com isso, ficava escravo, era condenado à escravidão. "Pôr o pé sobre um campo ou lançar nele a sua sandália significa tomar posse dele. O calçado torna-se dessa forma símbolo do direito de propriedade. Retirando-o e entregando-o ao comprador, o proprietário lhe transmite esse direito".[42]

3) "Pisoteiam os fracos no chão": fracos no sentido daqueles que, perante a lei, não têm como se defender, pois são pobres e humilhados pelos que detêm o poder. Ao invés da solidariedade, recebem a exploração e a humilhação.

4) "E desviam o caminho dos pobres": pobres, desviar o caminho seria no sentido de não utilizar o caminho certo, no caso o caminho da justiça, que era o único instrumento que os pobres possuíam para ter seus direitos assegurados. Seria desviar a justiça e utilizá-la em benefício dos poderosos.

5) "Pai e filho dormem com a mesma jovem": a impressão que se tem é que essa crítica se refere à prostituição sagrada, isto é, *Baal* era adorado como "deus" em várias nações. Era símbolo da fertilidade e da chuva. Os sacerdotes diziam que os camponeses que colhessem bastante alimento deveriam oferecer uma parte ao "templo do deus *Baal*". Ora, eram escolhidas, no início das colheitas, várias moças que deveriam ficar no templo. Os trabalhadores da roça que mais oferecessem alimentos tinham privilégio de praticar a "prostituição sagrada", ou seja, dormir com as moças no templo. Mas

---

[42] BÍBLIA de Jerusalém. São Paulo: Editora Paulus, 2002, p. 388-389.

tudo isso não passava de exploração e mentira. O objetivo dos sacerdotes de Canaã e nações vizinhas era pegar para si os alimentos dos camponeses. Na verdade, *Amós* condena a humilhação que uma serva ou escrava tinha de passar ao dormir com o pai e o filho ao mesmo tempo. A crítica aqui se refere à dignidade enquanto pessoa e enquanto filha de Deus.

6) "Diante de todos os altares eles se deitam sobre roupas penhoradas": aqui se faz necessário entender a lei descrita em Êxodo 22,25-26a: "Se tomares o manto do teu próximo em penhor, tu lho restituirás antes do pôr do sol. Porque é com ele que se cobre, é a veste do seu corpo". A crítica, no entanto, é com relação aos empréstimos, ou seja, aqueles, que não podiam pagar, tinham de dar seu manto como penhor. Todavia, o credor não poderia dormir com esse manto penhorado, pois era o único que o pobre possuía. Neste caso, demonstra falta de misericórdia para com o pobre, no que se refere aos empréstimos. A lei, que também está descrita em Êxodo 22,24, diz: "Se você emprestar dinheiro a alguém do meu povo, a um pobre que vive ao seu lado, você não se comportará como agiota: vocês não devem cobrar juros". Ocorre que temos informações de que os empréstimos poderiam chegar a 50% de juros na época de *Amós*. Isso constituía um verdadeiro absurdo e era praticamente impagável.

7) "E no templo de seu deus bebem o vinho de juros": aqui se refere ao rei e à elite governante que utilizavam, de maneira indevida, os impostos e as multas. Pode estar também no sentido dos juros exorbitantes cobrados dos empréstimos feitos pelos mais pobres. Significa a exploração que os ricos faziam com

relação aos pobres para manter sua vida de luxo e bem-estar.

Por tudo isso, percebe-se que, em Israel, a opressão era muito grande. Os ricos cada vez mais ricos e os pobres na miséria e explorados de todas as maneiras.

A injustiça reinava em Israel. As vítimas eram os pobres. Mas, de modo geral, orgulhavam-se por serem uma nação poderosa, que dominava outros povos e tinha um poderio econômico muito grande. O Profeta *Amós* vem denunciar as injustiças presentes no reinado de *Jeroboão II* e defender as causas dos mais necessitados; seu compromisso era com a verdade e com a justiça.

O povo, levado pela fé em Javé e para cumprir a lei dos sacrifícios e sua religiosidade, oferecia alimentos, bois, ovelhas, dízimos etc. Tudo isso era um modo de exploração em nome de Deus. O culto era só um instrumento aparente da religiosidade, pois, no fundo, escondia a injustiça, a exploração e a opressão. O culto era para os interesses do rei e da elite.

Amós, percebendo que o povo estava sendo enganado em nome de Deus, vai denunciar e condenar esse culto que não gera vida, e sim morte: "Dirijam-se a Betel e pequem: vão a Guilgal e pequem ainda mais!" (4,4). O santuário, que deveria ser um encontro amoroso e de fé em Deus, transformou-se em um lugar de pecado e de injustiças. *Amós* deixa claro que o povo deve sim prestar seu culto a Deus, mas na vida e em seu dia a dia, e não em santuários do rei. Ir até lá e participar desse mecanismo de exploração é ser conivente com a situação e pecar.

Por outro lado, *Amós* vai mostrar qual é a religião e o culto que Deus quer: "Eu quero, isto sim, é ver brotar o direito como água e correr a justiça como riacho que não seca" (5,24). O verdadeiro e único culto é aquele que gera vida e liberdade. Para isso, é necessário que o direito e a justiça sejam respeitados. O profeta ousa comparar o direito com a água, e a justiça como riacho que não seca. Essa comparação é muito forte, pois o povo de Israel vivia em uma região muito seca e o bem mais precioso era exatamente a água. Da mesma forma que a água era símbolo de vida, o direito e a justiça também deveriam ser um anseio pela própria vida, tão vital como a água.

Diante de toda a situação de exploração e morte, ainda resta um caminho para a vida, a liberdade e a felicidade: a conversão ao verdadeiro Deus e a seu projeto, e não procurar falsos cultos (cf. 5,4-7). Seria seguir outro caminho totalmente diferente do existente, ou seja, deixar o mal e fazer o bem. Daí o apelo dramático para a conversão: "Procurem o bem e não o mal; então vocês viverão. Quem sabe, assim — como vocês dizem — Javé, Deus dos exércitos, estará com vocês. Odeiem o mal e amem o bem; restabeleçam o direito no tribunal" (5,14-15a).

Nesse apelo à conversão está o segredo da vida e da felicidade. Toda conversão exige mudança de conduta que, neste caso, seria odiar o mal e amar o bem. Assim, sem dúvida alguma, o direito e a justiça seriam realidades e não um sonho. O que o povo queria, para ter uma vida com dignidade, era exatamente que a justiça e o direito fossem respeitados, e não corrompidos. Mas, para existir esse direito e justiça, os governantes e todo o povo tinham de procurar o bem e não o mal, seguindo assim o caminho deixado por Deus.

A raiz de todo e qualquer problema muitas vezes está na ganância, no poder, na glória. Ainda havia um fio de esperança para que se pudesse reverter a situação existente: odiar o mal, no sentido de deixar de lado a injustiça, e amar o bem, no sentido de se fazer justiça. De nada vale um povo ter riqueza e glória se estas são para alguns e não para todos. O sonho de Deus era que a riqueza fosse partilhada e que todos trilhassem o caminho do direito e da justiça.

Um conceito muito usado no Antigo Testamento e tem vários significados é "o Dia de Javé". De modo geral, podemos dizer que este dia era tido como de luz, como se Javé viesse e interferisse diretamente na história em benefício de seu povo escolhido. Seria um dia de terror para os povos inimigos de Israel. Era, no fundo, uma falsa esperança e até uma ilusão incutida nos israelitas de que eles eram os privilegiados por Deus. Contra essa falsa concepção do "Dia de Javé", *Amós* vai invertê-la radicalmente dizendo: "Ai dos que vivem suspirando pelo Dia de Javé! Como será para vocês o Dia de Javé? Será trevas, e não luz" (5,18).

Amós é o primeiro profeta, em todo o Antigo Testamento, que vai denunciar a falsa segurança da elite dominante no "Dia de Javé", como um modo de salvar e libertar Israel. Aliás, ele vai dizer justamente o contrário: esse dia vai ser de destruição, pois os governantes de Israel tornaram-se inimigos do povo pobre com injustiças, corrupção, suborno, exploração, e Javé está atento a tudo isso e vai fazer justiça; esse dia será de trevas, de destruição, e sem escapatória; esse dia será de destruição para Israel por parte de Javé e não para seus inimigos. O que era luz transformou-se em trevas, esta é a grande novidade do "Dia de Javé".

Outro erro absurdo que podemos cometer é pensar que o "Dia de Javé" se refere ao final do mundo e ao futuro. Ou até mesmo, usando a linguagem de Jesus Cristo, pensar que o reino de Deus ainda vai acontecer. A verdade é que os poderosos e os dominadores políticos do mundo daquela época, e de hoje também, vivem "iludindo" o povo pobre que, com este ou com aquele governo, o mundo vai melhorar, e quando o Brasil pagar a "dívida externa", o povo terá mais dinheiro e será mais feliz. Tudo se refere ao futuro, mas o "Dia de Javé" ou o reino de Deus deve acontecer aqui e agora. Quando existir o amor, a justiça, a partilha, a igualdade e a fraternidade, aí sim poderemos afirmar que o reino de Deus ou o "Dia de Javé" é atual e não escatológico.

A última parte do livro de *Amós* nos relata uma experiência pessoal e íntima do profeta com Deus. Trata-se das cinco visões. São elas:

a) "Isto me mostrou o Senhor Javé (ou 'Assim me fez ver o Senhor Iahweh' — Bíblia de Jerusalém; ou 'Eis o que me fez ver o Senhor, meu Deus' — Bíblia TEB): Apareceu uma nuvem de gafanhotos pouco antes da colheita do feno, depois de cortado o feno do rei. Quando iam acabar com todo o verde da terra, eu disse: 'Por favor, Javé, perdoa! Jacó é tão pequeno! Como poderá resistir?' Então Javé se compadeceu e disse: 'Isso não vai acontecer' — diz Javé" (7,1-3) — o que fica claro é que o profeta intercede a Deus não em benefício do rei ou dos grandes, mas em benefício do próprio povo. Isto se deve ao fato de que parte da primeira colheita era para pagar o tributo ao rei, provavelmente para alimentar seus cavalos de guerra. Agora se os gafanhotos devorassem a segunda colheita, iriam prejudicar os camponeses e os pobres. *Amós* lembra o episódio de *Jacó*, praticamente impotente, que fugia de seu irmão *Esaú* (Gn 27,41-45), e mostra que os pobres são vítimas dos poderosos, daí por que Deus se compadece e volta atrás com relação a essa primeira visão.

b) "Isto me mostrou o Senhor Javé: O Senhor Javé convocava o fogo para fazer o julgamento. O fogo consumia o grande oceano e devorava as roças. E eu disse: 'Por favor, para, Senhor Javé! Jacó é tão pequeno! Como poderá resistir?' Javé se compadeceu, e disse: 'Nem isso acontecerá' – diz Javé" (7,4-6), a questão do fogo é no sentido de ter havido uma grande seca que consumia o grande oceano ou o grande abismo. "Segundo a concepção que os israelitas tinham do mundo, são as águas subterrâneas, das quais nascem fontes e rios e a água dos poços",[43] que também devoravam as roças e plantações. Mas, outra vez, o profeta utiliza o mesmo argumento dos pobres ao dizer: "Jacó é tão pequeno! Como poderá resistir?" Novamente, Deus se compadece, tem piedade, misericórdia do povo sofredor, e essa visão, ou seja, a desgraça que a visão anunciava, não ia acontecer. "Deus, ao atender as duas intercessões de Amós, mais que anular o juízo, havia concedido um prazo para que o rumo da injustiça se retificasse. Porque a obsessão de Deus é a conversão do homem".[44]

c) "Isto me mostrou o Senhor Javé: Javé estava sobre um muro e, na mão, tinha um prumo (estanho?). E Javé me disse: 'O que é que você está vendo, Amós?' Eu res-

---

[43] Bíblia edição pastoral. 8 ed. São Paulo: Edições Paulinas, 1993, p. 1186.
[44] Ribeiro, Francisco Souza. *Justiça: Entrevista com o profeta Amós.* Tradução de Cristina Paixão Lopes. São Paulo: Paulinas, 1996, p. 36.

pondi: 'Um prumo (estanho)'. E ele me disse: 'Vou tirar o nível do meu povo Israel. Não o perdoarei mais. Serão arrasados os lugares altos de Isaac, os santuários de Israel serão destruídos, e eu empunharei a espada contra a dinastia de Jeroboão'" (7,7-9), a principal dúvida com relação a essa visão seria o termo em hebraico *anak*, que pode ser traduzido por "prumo" ou "estanho". Este termo só aparece na Bíblia nessa visão. As Bíblias de Jerusalém e a Pastoral traduzem por "prumo". A TEB o traduz como "estanho". Segundo o professor Haroldo Reimer, o termo correto em sua visão seria "estanho". Isso explica, em partes, o rodapé da TEB: "Designando um metal, este metal seria o estanho, segundo o assírio *an-na*, muito procurado em vista da liga da qual se forjavam as melhores armas. A visão evocaria o medonho arsenal a ser forjado por Deus para arruinar seu povo".[45] Isto explicaria a destruição de Israel por parte da Assíria. Outra diferença dessa visão com relação às duas anteriores é que não há mais intercessão por parte do profeta. "Javé vai nivelar a situação, destruindo o palácio real (poder político reinante) e os santuários (ideologia religiosa dominante). Amós não pede mais perdão: a condenação da injustiça e da idolatria é irrevogável, para que o povo seja libertado".[46]

d) "Isto me mostrou o Senhor Javé: Vi uma cesta de frutas maduras. E Javé me perguntou: 'O que é que você está

---

[45] BÍBLIA Tradução Ecumênica (TEB). São Paulo: Loyola, 1994, p. 917.

[46] BÍBLIA edição pastoral. 8 ed. São Paulo: Edições Paulinas, 1993, p. 1186.

vendo, Amós?' Eu respondi: 'Uma cesta de frutas maduras'. Ele me disse: 'Está maduro o fim para o meu povo Israel; não o perdoarei mais. Nesse dia, as cantoras do santuário gemerão, oráculo do Senhor Javé. Haverá cadáveres atirados por toda a parte. Silêncio!'" (8,1-3). Aqui o que fica muito evidente é o jogo de palavras "frutas maduras", prontas para serem consumidas, e "maduro o fim". Outra palavra que nos chama atenção é "silêncio", que pode ser no sentido de que nada mais pode ser feito, a não ser esperar, o que indica também uma gravidade do momento e a catástrofe. Diante dela, todos ficam em silêncio, pois não há mais o que falar ou dizer.

e) "Eu vi Javé perto do altar. Ele me dizia: 'Bata no alto das colunas para fazer tremer os umbrais. Quebre a cabeça de todos, que o resto eu matarei pela espada. Ninguém conseguirá fugir, ninguém conseguirá escapar. Se eles se esconderem na mansão dos mortos, daí minha mão os arrancará; se subirem ao mais alto do céu, de lá os farei descer; se conseguirem esconder-se no pico do Carmelo, aí vou procurá-los e pegá-los; se mergulharem no fundo do mar, lá mandarei o dragão para que os morda; e se forem caminhando adiante do inimigo, darei ordem à espada para matá-los. Porei neles os meus olhos para o mal e não para o bem'" (9,1-4), em outros termos, é o fim de Israel. Novamente, aparece referência ao altar no sentido de santuário, onde se dá a opressão, a injustiça e a ideologia religiosa, que justifica o injustificável que é a injustiça; mas, dessa vez, não haverá perdão ou fuga, tudo será destruído, e isto podemos talvez situar em 722 a.C., quando a Assíria destruiu Israel.

Falar a verdade incomoda, ainda mais se esta for uma profecia em nome do verdadeiro Deus. *Amós* denunciou toda a exploração e corrupção existente em Israel e criticou abertamente a política de *Jeroboão II*, que beneficiava só a elite e gerava miséria para os mais pobres. Daí por que *Amasias*, sacerdote de Betel, sentindo o peso de tal profecia, vai dizer: "Vidente, vá embora daqui. Retire-se para a terra de Judá" (7,12) e o proíbe de profetizar em Betel, por ser "santuário do rei", e pede para *Amós* ganhar sua vida com suas profecias.

Amós deixa bem claro que não recebe nada por ser profeta, pois não é funcionário do rei, que é um profeta escolhido para anunciar a verdadeira Palavra de Deus. Fica claro, nesse episódio, que um profeta deve ter compromisso com a verdade e com a vida do povo.

Os pobres já eram explorados pela política de *Jeroboão II*; agora estavam sendo explorados também pelos comerciantes. "Quando vai passar o sábado, para abrirmos o armazém, para diminuir as medidas, aumentar o peso e viciar a balança, para comprar os fracos por dinheiro, o necessitado por um par de sandálias, e vender o refugo do trigo?" (8,5-6).

Mais uma vez, os pobres ficam sem vez e sem voz, pois não havia quem os defendesse. Mesmo quando precisavam comprar produtos básicos para seu sustento, ainda eram lesados na medida e no peso. Aqueles que pediam emprestado o trigo e não tinham como pagar, como já vimos anteriormente, tinham de entregar a posse da pequena terra a seu credor. Assim, devido a essa exploração, o processo de empobrecimento aumentava ainda mais.

Mais do que nunca, nos dias atuais, faz-se necessária a verdadeira conversão referida pelo Profeta *Amós*: "Procurem o bem e não o mal; então vocês viverão. Odeiem o mal e amem o bem; restabeleçam o direito no tribunal" (cf. 5,14-15). Em outras palavras, é necessário praticar a justiça e eliminar as injustiças, amar a Deus e ao próximo, pois só assim estaremos contribuindo para a realização do sonho de *Amós* e dos profetas, de Jesus e de todos os homens de paz: construir o reino de Deus no meio de nós, onde reinem o direito, a justiça e o amor.

SAIBA MAIS...

- Para você entender melhor o texto, contexto e profecias de Amós, bem como a sua crítica com relação ao direito e à justiça, leia o livro: *Justiça, um sonho eterno*, de Francisco Albertin e Armando Fernandes Filho, Editora Ideias & Letras, Aparecida-SP.

ABDIAS

1. Visão geral

É o menor dos livros de todo o Antigo Testamento, com apenas 1 (um) capítulo e 21 (vinte e um) versículos.

É difícil determinar uma data de quando foi escrito. Há trechos antes do exílio (586 a.C.). Todavia, a mensagem de

Abdias é importantíssima e fala da solidariedade, embora também haja controvérsia, em seu livro, que parece sugerir a lei do Talião: "Como você fez aos outros, assim será feito a você. Os atos que você praticou, cairão sobre a sua cabeça" (1,15). Isso se deve ao fato de que Edom teve sua origem em *Esaú* e Israel teve sua origem em *Jacó*, ambos eram irmãos e filhos de *Isaac*, portanto os dois países também eram "irmãos".

O livro não tem divisão, por ter só um capítulo.

2. Explicando o Profeta Abdias

Na primeira parte, descreve o castigo de Edom, que aproveitou as ruínas de Jerusalém (586-538 a.C.) para invadir e atacar a Judeia; foi um ato de crueldade e covardia. Por isso, o profeta diz: "Quem acabou com você foi a soberba do seu próprio coração! Por causa do morticínio e da violência praticada contra seu irmão Jacó (Israel), a vergonha cobrirá você, e você será eliminado para sempre" (1,3.10).

Edom torna-se cruel ao aproveitar da situação de derrota e fraqueza de *Jacó* (Israel) e tira benefícios disso, como conquistar terras e matar muitos israelitas. *Ezequiel* diz sobre Edom: "Você cultivou ódio eterno e entregou os israelitas ao fio da espada, no tempo em que estavam na desgraça" (Ez 35,5). Ao invés de ajudar e ser solidário com o país "irmão", Edom ajudou a derrubar e massacrar ainda mais seus "irmãos", o que é lamentável. *Abdias* vai dizer que eles vão pagar pelo mal que fizeram: "A casa de Jacó será o fogo, a casa de José será a labareda e a casa de Esaú será a palha. Vão incendiar e acabar com ela. Não vai sobrar ninguém da casa de Esaú" (1,18).

O tom de seus escritos vai mais pela linha do "dente por dente" e da vingança, esquecendo-se do perdão.

SAIBA MAIS...

• Leia o livro de Abdias.

JONAS

1. Visão geral

É um livro mais do estilo sapiencial do que profético.

Embora haja esta passagem: "Conforme a palavra de Javé, o Deus de Israel, anunciada através do seu servo, o profeta Jonas, filho de Amati, natural de Gat-Ofer" (2Rs 14,25), *Jonas* significa "povo hebreu". É uma linda história que mostra que Deus não é "exclusivo" de um só povo, mas quer a misericórdia e o amor. Provavelmente, esse livro foi escrito após o exílio (538 a.C.).

Deus pede a Jonas: "Levante-se e vá a Nínive, a grande cidade, e anuncie aí que a maldade dela chegou até mim. Jonas partiu, então, com a intenção de escapar da presença de Javé, fugindo para Társis" (1,2-3). Nínive era a capital da Assíria, um dos maiores inimigos de Israel. *Jonas* se recusa a ir e dar oportunidade ao inimigo de converter-se e procura "esconder-se" da presença de Deus, fugindo para Társis.

2. Divisão do livro

O livro tem quatro capítulos e faz com que cada um seja uma parte da história.

— Missão, fuga e *Jonas* que é atirado no mar.

— *Jonas* que é engolido por um peixe e faz uma oração.

— *Jonas* anuncia a Palavra de Deus em Nínive e eles se convertem.

— A lição do amor de Deus.

3. Explicando o Profeta Jonas

Contando a história de *Jonas*, tudo fica mais fácil para entender esse livro e sua mensagem.

Ao receber a missão de ir anunciar a Palavra de Deus em Nínive, o profeta tenta em vão fugir da presença de Deus, indo para Társis; no entanto, acontece uma grande tempestade e o barco está para afundar; todos rezam, menos *Jonas* que diz: "Eu sou hebreu. Eu adoro a Javé, Deus do céu, que fez o mar e a terra" (1,9). *Jonas* conta aos marinheiros que está fugindo de Deus e eles o lança ao mar, pois a mentalidade da época era se o mar estivesse bravio era porque alguém tinha pecado e esse alguém para eles era o próprio *Jonas*. Com isso, *Jonas* é engolido por um peixe grande e faz uma oração: "Na minha angústia invoquei a Javé, e ele me atendeu. Do fundo do abismo pedi tua ajuda, e ouviste a minha voz..." (2,3ss.).

Jonas fica três dias e três noites no ventre do peixe. E até Jesus se refere a esse fato:

"Uma geração má e adúltera busca um sinal, mas nenhum sinal lhe será dado, a não ser o sinal do profeta Jonas. De fato, assim como Jonas passou três dias e três noites no ventre da baleia, assim também o Filho do Homem passará três dias e três noites no seio da terra" (Mt 12,39-40).

Porém, uma pergunta surge: o que significa esse grande peixe ou baleia?

Pergunta difícil de responder. Pode ter sido a providência de Deus para salvar *Jonas* de ser afogado; pode simbolizar o interior do profeta que encontra consigo mesmo e com Deus; a morte ao seu egoísmo e nacionalismo e a compreensão de que Deus é amor e quer a vida para todos, até mesmo àqueles que eram inimigos mortais dos judeus, como eram os ninivitas. Mas como Jesus utiliza esse fato, pode simbolizar a sua sepultura, sendo que da morte surge a vida e ressurreição.

Segundo Erich Fromm, em seu livro "A Arte de Amar" (p. 39) "Jonas vê-se no ventre de uma baleia, simbolizando o estado de isolamento e encarceramento que a falta de amor e solidariedade lhe trouxe".

Os judeus tinham a concepção da terra como um disco plano: em cima havia o céu e um oceano celeste, ou águas superiores, de onde vinham as chuvas; na parte do meio, era a terra, sustentada por colunas e cercada de águas inferiores; e em baixo da terra, entre as colunas, tinha o *Sheol*, isto é, a "morada dos mortos".

Jonas prega que Nínive seria destruída em quarenta dias e isso provoca uma grande conversão. "O Rei levantou-se do trono, tirou o manto, vestiu um pano de saco e sentou-se em cima da cinza. Disse: "Cada um deverá converter-se de sua má conduta e deixar de lado toda espécie de ações violentas" (3,6.8). Antigamente, a cinza tinha o sentido de arrependimento, penitência e humilhação diante de Deus.

Deus resolve deixar o povo com vida porque tinha-se convertido e mudado. *Jonas* fica revoltado por Deus perdoar e não destruir Nínive — isso nos lembra o filho mais velho da parábola do filho pródigo que, mediante perdão do pai, fica revoltado (Lc 15,25-32) — e diz: "Foi por isso que eu corri, tentando fugir para Társis, pois eu sabia que tu és um Deus compassivo e clemente, lento para a ira e cheio de amor" (4,2).

Jonas está no deserto, e Deus manda uma mamoneira para fazer sombra, e ele dorme. Porém, quando acorda, está todo queimado pelo sol e se revolta por Deus ter destruído a árvore. Então, Deus lhe responde que devia ter pena de cento e vinte mil pessoas que se arrependeram. *Jonas* acaba entendendo que Deus é amor e quer a vida para todos. Como podemos sentir hoje o amor e a misericórdia de Deus?

SAIBA MAIS...

- Tire hoje ou até o fim de semana 20 minutos e leia toda a belíssima história de Jonas. Você vai emocionar-se com o amor, o perdão e a misericórdia de Deus.

MIQUÉIAS

1. Visão geral

Escreveu por volta de 740-700 a.C., embora a redação final de seu livro tenha dado após o exílio.

É originário de Morasti, uma vila do interior do Reino de Judá; seu nome significa "quem como Javé?"; era camponês e contra o latifúndio, pois muitos eram pobres e miseráveis, enquanto poucos eram ricos e milionários. Critica a guerra, principalmente as injustiças dos representantes do povo na política, na religião e economia. Deixa claro que há uma corrupção geral: "Essa gente tem mãos habilidosas para praticar o mal: o príncipe exige, o juiz se deixa comprar, o grande mostra a sua ambição. E assim distorcem tudo" (7,3). E hoje é parecido ou mudou?

2. Divisão do livro

Segundo a Bíblia Pastoral, esse livro é dividido em:
a) 1,2—3: processo de Deus contra Israel;
b) 4—5: esperança e renovação;
c) 6—7,7: novo processo contra Israel;
d) 7,8-20: cânticos de esperança.

3. Explicando o Profeta Miqueias

Como já foi dito, *Miqueias* era da roça e camponês. Daí porque sua crítica é fortíssima contra os latifundiários e a elite dominante:

215

"Ai daqueles que, deitados na cama, ficam planejando a injustiça e tramando o mal! É só o dia amanhecer, já o executam, porque têm o poder em suas mãos. Cobiçam campos e os roubam; querem uma casa e a tomam. Assim oprimem o homem e a sua família, o proprietário e a sua herança" (2,1-2).

Denuncia aos chefes que devoram a carne do povo: "Escutem bem, chefes de Jacó, governantes da casa de Israel! Por acaso, não é obrigação de vocês conhecer o direito? Inimigos do bem e amantes do mal, vocês são gentes que devoram a carne do meu povo" (3,1-3). Eles são inimigos do povo: "Vocês expulsam da felicidade de seus lares as mulheres do meu povo, e tiram dos seus filhos a liberdade que eu lhes tinha dado para sempre. Por um nada, vocês exigem uma hipoteca insuportável" (2,9-10). Era a escravidão em troca das dívidas impagáveis.

O profeta descreve: "Vou reduzir Samaria a uma ruína no meio do campo, num lugar para plantação de vinhedos; jogarei suas pedras no vale e porei seus alicerces a descoberto" (1,6), essa profecia se realizou em 722 a.C., com a destruição da Samaria pela Assíria.

Outra profecia também acontece: "Jerusalém se tornará um montão de ruínas, e o monte do Templo será uma colina cheia de mato" (3,12), isso ocorre em 586 a.C. quando a Babilônia, com *Nabucodonosor*, destrói Jerusalém.

Mas uma profecia de *Miqueias* merece destaque: "Mas você, Belém de Éfrata, tão pequena entre as principais cidades de Judá! É de você que sairá para mim aquele que há de ser o chefe de Israel. De pé, ele governará com a própria força de Javé, com a majestade do nome de Javé, seu Deus. Ele próprio será a paz" (cf. 5,1-4).

Quando *Herodes* pergunta onde Jesus deveria nascer, eles respondem: "Em Belém, na Judéia, porque assim está escrito por meio do profeta" (Mt 2,6).

Miqueias resume sua mensagem em um dos mais lindos versículos do Antigo Testamento: **"Ó homem, já foi explicado o que é bom e o que Deus exige de você: praticar o direito, amar a misericórdia, caminhar humildemente com o seu Deus"** (6,8).

SAIBA MAIS...

- Crítica às injustiças praticadas pelos governantes (3).
- Profecia sobre o Messias que iria nascer em Belém (5,1-4).

NAUM

1. Visão geral

É originário de Elcós, uma cidadezinha de Judá. Sua atividade profética se desenvolveu entre 663-612 a.C. Seu nome significa "Javé conforta".

No que se refere à política, *Naum* tem uma grande mensagem: "Os grandes poderosos do mundo não são eternos. Por mais que dominem e explorem, por mais que oprimam e humilham os pequenos, um dia eles serão destruídos",[47] é o caso da Assíria, Nínive, em 612 a.C.

2. Divisão do livro

Pode ser dividido em duas partes:
a) 1,2—2,3: Javé é o Senhor do mundo e da história;
b) 2,4—3,19: Javé vai destruir o regime dos opressores.

3. Explicando o Profeta Naum

São simplesmente assustadores alguns de seus escritos:
— "Javé é um Deus ciumento e vingador! Javé é vingador e sabe enfurecer-se. Javé se vinga de seus adversários e é rancoroso para com seus inimigos. Javé é lento para a ira e muito poderoso, mas não deixa ninguém sem castigo" (1,2-3), mostra uma mentalidade que o povo tinha antigamente de que Javé (Deus) era vingador. Jesus, no Novo Testamento, mostra exatamente o contrário: Deus é Pai, amor e misericórdia.

Todavia, também Naum escreve: "Javé é bom! Refúgio seguro nas horas de aperto: conhece aqueles que nele confiam" (1,7). Deus, porém, está ao lado dos pobres, dos que buscam a paz: "Vejam sobre os montes os passos de um mensageiro que anuncia a paz" (2,1).

Mostra, em sua segunda parte, que Deus tem poder de acabar com os opressores:

---

[47] BÍBLIA edição pastoral. 8 ed. São Paulo: Edições Paulinas, 1993, p. 1201.

"Ah! Rei da Assíria! Seus pastores cochilaram, seus comandantes dormiram; seu povo se espalhou pela montanha e ninguém consegue reuni-lo novamente. Não há cura para os seus ferimentos, a sua chaga é incurável. Quem ouve notícias suas, bate palmas, porque sobre quem não passou continuamente a maldade de você?" (3,18-19).

SAIBA MAIS...

- Procure ler o Novo Testamento e os ensinamentos de Jesus. Deus castiga e é vingador ou é amor, misericórdia e perdão?

HABACUC

1. Visão geral

Provavelmente, exerceu a missão de profeta por volta de 609-600 a.C., na época do Rei *Joaquim*, em Judá; foi um período muito difícil e de instabilidade econômica. Judá estava pagando impostos ao Egito e o povo ainda sustentava o luxo da elite do país. A miséria resume a vida desse povo. Como se isso não bastasse, o povo ainda não podia contar com um tribunal que julgava de acordo com a justiça e, com isso, surge outro crime: "a instituição, que deveria preservar a lei e o direito para fazer justiça, também é corrompida pelos poderosos para defender seus interesses e não o direito dos que foram por eles mesmos lesados".[48]

O resumo do livro de *Habacuc* gira em torno deste versículo: "O justo viverá pela sua fidelidade" (2,4).

2. Divisão do livro

Pode ser dividido em três partes:

a) 1,1—2,4: a realidade descrita do ponto de vista do profeta e diálogo com Deus;

b) 2,5-20: maldições contra os opressores, através de cinco "Ai";

c) 3: oração do profeta *Habacuc*.

3. Explicando o Profeta Habacuc

Habacuc começa seu livro com algumas perguntas:

> "Até quando, Javé, vou pedir socorro, sem que me escutes? Até quando clamarei a ti: 'Violência!' sem que tu me tragas a salvação? Por que me fazes ver o crime e contemplar a injustiça? Opressão e violência estão à minha frente; surgem processos e levantam-se rixas. Por isso, a lei perde a força e o direito nunca aparece. O ímpio cerca o justo e o direito aparece distorcido" (1,2-4).

---

[48] STORNIOLO, Ivo; BALANCIN, Euclides M. *Como ler o livro de Habacuc*. São Paulo: Edições Paulinas, 1990, p. 13.

Quando os pobres vão ao tribunal para um julgamento, o direito, segundo *Habacuc*, é distorcido e a causa é dada sempre para os mais ricos e os poderosos. Os pobres não têm vez e nem voz no tribunal. Assim, "a lei perde a força e o direito nunca aparece".

São palavras-chave para entender bem a profecia de *Habacuc*: o "justo" e o "ímpio".

"Justo" é aquele que vive de acordo com a Palavra de Deus, é fiel aos seus ensinamentos. Quando se fala em "ímpio", na Bíblia, não é bem no sentido que entendemos, ou seja, "maldoso, sem caráter", "é aquele que, embora conhecendo a Deus e ao seu projeto, na vida prática age como se Deus não existisse ou como se Deus não interviesse nos assuntos mundanos",[49] procura agir de acordo com seus interesses e desejos.

"Quem não é correto vai morrer, enquanto o justo viverá por sua fidelidade" (2,4), esse pensamento é fundamental nesse livro.

Jesus comenta muito em relação à justiça, como alicerce, para que seja construído um mundo novo: "Buscai em primeiro lugar o Reino de Deus e a sua justiça" (Mt 6,33) e "Felizes (Bem-aventurados) os que têm fome e sede de justiça, porque serão saciados" (Mt 5,6).

Logo a seguir, vêm os cinco "Ai":

"Ai daquele que acumula o que não é seu e se carrega de penhores" (2,6).

"Ai de quem ajunta dinheiro injusto em sua casa" (2,9).

"Ai de quem constrói com sangue uma cidade e com o crime funda uma capital" (2,12).

"Ai daquele que embriaga seu próximo, misturando drogas no copo, para lhe contemplar a nudez!" (2,15).

"Ai de quem fala a um pedaço de madeira: 'Acorde!' E à pedra muda: 'Desperte!' Pode o ídolo ensinar?" (2,19).

Habacuc também diz: "Ainda que a figueira não brote e não haja fruto na parreira; ainda que a oliveira negue seu fruto e o campo não produza colheita; ainda que as ovelhas desapareçam do curral e não haja gado nos estábulos, eu me alegrarei em Javé e exultarei em Deus, meu salvador" (3,17-18).

SAIBA MAIS...

- Leia a oração do Profeta Habacuc (3).
- Para você, o que é ser justo e o que é ser ímpio?

SOFONIAS

1. Visão geral

Sofonias viveu num período conturbado da política e principalmente de muita corrupção religiosa, quando o Rei

Manassés (698-643 a.C.) tinha admitido vários deuses, cultos estrangeiros, prostituição sagrada etc.

Provavelmente, exerceu sua profecia na época do Rei *Josias*, por volta de 640-630 a.C.

Seu nome significa "Javé escondeu"; é chamado de filho de Cusi, "que pode ser a sua origem Cuchita", isto é, proveniente de Cuch, que é a Etiópia. Nesse caso, segundo E. Balancin e I. Storniolo,[50] *Sofonias* seria um negro, algo inédito na história dos profetas e um dos livros mais desconhecidos do Antigo Testamento. O Novo Testamento o cita apenas uma vez: "O Filho do Homem enviará os seus anjos, e eles recolherão todos os que levam os outros a pecar e a praticar o mal" (Mt 13,41).

Sofonias critica a idolatria, a perversão religiosa, a corrupção dos poderosos e aqueles que colocam o "dinheiro acima de tudo".

2. Divisão do livro

Pode ser dividido em três partes:
a) 1,2—2,4: a questão do julgamento de Deus, diversas corrupções e o "Dia de Javé";
b) 2,5—3,8: julgamento sobre algumas nações e Jerusalém;
c) 3,9-20: mensagem de esperança.

---

[50] *Como ler o livro de Sofonias*. São Paulo: Edições Paulinas, 1991, p. 8.

3. Explicando o Profeta Sofonias

O livro de *Sofonias* é um pouco difícil de entender, devemos "ler" as estrelinhas; começa criticando a maldade humana, a perversão religiosa e aqueles que "enchem de violência e trapaça o Templo do seu Senhor" (1,9); fala duramente sobre o "Dia de Javé", ou seja, o julgamento de Deus: "'É amargo o Dia de Javé!' Nesse dia, o valente grita de medo. Será um dia de cólera, esse dia; um dia de angústia e aflição, dia de devastação e ruína, dia de trevas e escuridão" (1,14-15).

O "Dia de Javé", conforme já foi dito, não é o fim do mundo, mas de transformação do povo de Deus e do fim da maldade, injustiça e idolatria. *Sofonias* tem uma sensibilidade marcante ao dizer que o dinheiro e o poder também são ídolos. Para ele, ainda resta uma esperança de salvação: os pobres da Terra: "Procurem a Javé, como todos os pobres da terra que obedecem aos seus mandamentos; procurem a justiça, procurem a pobreza. Quem sabe, assim, vocês acharão um refúgio no dia da ira de Javé" (2,3).

Os pobres são aqueles que depositam sua confiança no verdadeiro e único Deus e esperam pela justiça. São eles o "resto" que deve ser seguido rumo à salvação.

Sofonias profetiza também que Deus vai reunir o seu povo e salvá-lo do exílio: "Afastarei o mal, para que você não carregue mais o peso da vergonha. Nesse tempo, agirei contra aqueles que o oprimem; salvarei os coxos e reunirei os dispersos" (3,18-19), de fato, essa profecia se cumpriu cem anos depois, em 538 a.C., quando *Ciro*, rei da Pérsia, que tinha Babilônia por capital, liberta o povo de Israel do exílio.

Profetiza uma mensagem de esperança: "Deixarei em você um povo pobre e fraco, um resto de Israel que se refugiará no nome de Javé. Não praticarão mais a injustiça, nem contarão mentiras; não se encontrará mais em suas bocas uma língua mentirosa" (3,12-13), o termo "resto de Israel" significa "poucos", são pessoas justas que procuram viver de acordo com os ensinamentos de Deus.

SAIBA MAIS...

- O rigor do "Dia de Javé" (1,14—2,3).
- Deus perdoa e devolve a alegria (3,14-18).

AGEU

1. Visão geral

Após o exílio da Babilônia (586-538 a.C.), *Ciro*, rei da Pérsia, decreta:

> "Javé, o Deus do céu, entregou-me todos os reinos do mundo. Ele me encarregou de construir para ele um Templo em Jerusalém, na terra de Judá. Quem de vocês provém do povo dele? Que o seu Deus esteja com ele. Volte para Jerusalém, na terra de Judá, para reconstruir o Templo de Javé, o Deus de Israel" (Esd 1,2-3).

Ageu escreveu por volta de 520 a.C.; é um profeta que fala da reconstrução do templo, visto que o povo tinha voltado do exílio; sua missão não é fácil, pois cada família está preocupada em construir sua casa, plantar a sua roça e recuperar o tempo perdido.

O profeta tem a seguinte visão: "se o Templo for reconstruído, tudo vai melhorar, pois Deus habitará de novo no meio deles e espalhará as suas bênçãos. Trata-se de um apelo veemente para tornar viva e fraterna a comunidade, que está ameaçada de total desintegração".[51]

Na verdade, o Templo era um local essencial e um ponto de união e oração, para que o povo procurasse viver de acordo com os ensinamentos de Deus.

Não vamos colocar sua divisão, pois todo o livro tem apenas dois capítulos.

2. Explicando o Profeta Ageu

"E Javé dirigiu a palavra por meio do profeta Ageu: Então vocês acham que é tempo de morar tranqüilos em casas bem cobertas, enquanto o Templo está em ruínas? Ora, assim diz Javé dos Exércitos: Reflitam bem no comportamento de vocês" (1,3-5).

Ageu diz ser a hora da reconstrução do Templo e da própria vida de acordo com os ensinamentos de Deus. Não basta pensar só em si, tem de pensar no Templo e nos pobres

---

[51] BíBLIA edição pastoral. 8 ed. São Paulo: Edições Paulinas, 1993, p. 1213.

necessitados: "Coragem, povo todo da terra! É o que Javé diz. Mãos à obra, pois eu estou com vocês. Neste lugar eu estabelecerei a paz, diz Javé" (cf. 2,4.9).

De fato, o Templo, depois de muita luta e tempo, foi reconstruído.

Contudo, toda mensagem tem um ensinamento: o importante não era tanto a reconstrução do templo material, e sim do templo vivo que era o povo. Até mesmo Jesus se compara ao templo: "Destruam esse templo, e em três dias eu o reconstruirei. O templo que Jesus falava era o seu corpo" (Jo 2,19.21). Ele morreu e, em três dias, ressuscitou. Jesus também profetiza sobre a destruição do templo: "Vocês estão vendo tudo isso? Eu garanto a vocês: aqui não ficará pedra sobre pedra; tudo será destruído" (Mt 24,2). Realmente, no ano 70, o Templo foi destruído pelos romanos.

São Paulo também fala sobre o templo: "Vocês não sabem que são templo de Deus e que o Espírito Santo habita em vocês? Se alguém destrói o templo de Deus, Deus o destruirá. Pois o templo de Deus é santo e esse templo são vocês" (1Cor 3,16-17).

Desse modo, podemos perceber que muito mais que uma mera construção material, devemos reconstruir a nossa vida de acordo com a fé, no amor e na justiça.

SAIBA MAIS...

- Leia o livro de Ageu.
- Leia João 2,13-22. Disse Jesus: "Não transformem a casa de meu Pai num mercado".

ZACARIAS

1. Visão geral e divisão

Zacarias quer dizer "Javé se lembra".

Da mesma forma que temos "três" *Isaías*, uma vez que cada um escreveu numa época diferente, também temos "dois" *Zacarias*.

Seu livro pode ser dividido em:

a) 1—8: o Profeta *Zacarias*, contemporâneo de *Ageu*, possivelmente exerceu sua atividade profética por volta de 520-518 a.C., vai falar muito da questão da reconstrução do Templo, cuja reconstrução era também da identidade, da fé e da cultura do povo judeu;

b) 9—14: alguém escreveu a segunda parte desse livro e o atribuiu a *Zacarias*, isso por volta do ano 300 a.C., quando acaba o Império Persa e Alexandre Magno tinha iniciado o Império Helenista por volta de 333 a.C. Essa segunda parte tem muitas profecias "messiânicas" em que o rei é pobre (cf. 9,9), como Bom Pastor (cf. 11,4ss.) e ainda como alguém que sofre e foi "transpassado" (cf. 12,9ss.), lembrando a Paixão de Jesus.

2. Explicando o Profeta Zacarias

O livro começa com um grande apelo à conversão: "Voltem para mim — Oráculo de Javé dos exércitos — e eu voltarei para vocês" (1,3).

Muitos profetas apelam para a mudança de vida, assim: "Festeje e fique alegre, filha de Sião, pois eu estou vindo para morar com você, oráculo de Javé. Nesse dia, numerosas nações vão aderir a Javé e passarão a ser o meu povo. Eu virei morar em seu meio" (2,14-15).

Descreve também a importância da reconstrução do Templo que já detalhamos em *Ageu*; mostra que é importantíssima a reconstrução do povo, principalmente no que se refere à justiça:

> "A palavra de Javé foi dirigida a Zacarias nestes termos: Assim diz Javé dos exércitos: Façam julgamento verdadeiro, e cada qual trate com amor e compaixão o seu irmão. Não oprimam a viúva e o órfão, o estrangeiro e o pobre; e ninguém fique, em seu coração, tramando o mal contra o seu irmão" (7,8-10).

Na segunda parte desse livro (9—14), há algumas passagens que foram atribuídas a Jesus no Novo Testamento:

> "Dance de alegria, cidade de Sião; grite de alegria, cidade de Jerusalém, pois agora o seu rei está chegando, justo e vitorioso. Ele é pobre, vem montado num jumento, num jumentinho, filho de uma jumenta. Ele destruirá os carros de guerra de Efraim e os cavalos de Jerusalém; quebrará o arco de guerra. Anunciará paz a todas as nações, e o seu domínio irá de mar a mar, do rio Eufrates até os confins da terra" (9,9-10).

Em Mt 21,5, Jesus vem montado num jumento e tem a sua entrada triunfal em Jerusalém.

> "Jesus é o Rei-Messias que vai confrontar-se com a sociedade. Ele entra na cidade, não como rei guerreiro que andava a cavalo. Ele vem como um rei humilde, pacífico, vem de jumento. O povo o aclama com ramos, reconhecendo aquele que traz o reino da verdadeira justiça."[52]

Em *Zacarias* 11,4-17, fala-se sobre o comportamento do Bom Pastor, como em *Ezequiel*. Jesus é o Bom Pastor (cf. Jo 10,14-15).

"Quanto àqueles que transpassaram, chorarão por ele como se chora pelo filho único; vão chorá-lo amargamente, como se chora por um primogênito" (12,10). O transpassado, em *Zacarias*, refere-se ao povo que, por seus pecados, sofreu a punição do exílio. Em Lucas 23,27, encontramos o seguinte: "Uma grande multidão do povo o seguia. E mulheres batiam no peito, e choravam por Jesus".

Jesus, quando está no Monte das Oliveiras, diz aos seus discípulos: "Esta noite vocês todos vão ficar desorientados por minha causa, porque a escritura diz: 'Ferirei o pastor, e as ovelhas do rebanho se dispersarão'" (Mt 26,31), a escritura, nesse caso, é *Zacarias* 13,7.

---

[52] Cf. Bíblia edição pastoral. 8 ed. São Paulo: Edições Paulinas, 1993, p. 1297.

SAIBA MAIS...

- Leia a passagem de Javé dirigindo a Zacarias vários conselhos (7,8-14).
- Leia as citações acima do Novo Testamento, as quais têm a ver com as profecias de Zacarias.

MALAQUIAS

1. Visão geral e divisão

Malaquias significa "Meu mensageiro"; profetiza por volta de 480-450 a.C., numa época em que o Templo já tinha sido reconstruído. Todavia, muitos vão ao Templo e praticam um culto formalista e sem compromissos com Deus e com os irmãos. Para maiores detalhes sobre o contexto e acontecimentos dessa época, leia a explicação de *Esdras* e *Neemias*, principalmente sobre a questão da lei do puro e do impuro.

Malaquias mostra que cumprir a lei, só por cumprir, não tem sentido: "Javé diz: 'Eu amo vocês'" (1,2), o povo também deveria amar a Deus e o seu próximo; mostra que o culto e a liturgia deveriam ser celebrados com a vida e com o coração. Como nós participamos da missa? Como participamos das atividades de nossa comunidade?

Malaquias vai tratar de diversos temas e assuntos ao longo de seus três capítulos, como: fidelidade matrimonial, conversão, dízimo e outros; no entanto, não tem uma divisão precisa.

2. Explicando o Profeta Malaquias

Malaquias começa seu livro dizendo uma declaração de Deus ao povo, não muito comum no Antigo Testamento: "Javé diz: 'Eu amo vocês'" (1,2), embora Jesus Cristo tenha mostrado claramente que Deus é Pai e amor. "Um filho honra o pai e um escravo honra o seu senhor. Se eu sou pai, onde está a honra que me é devida? Se eu sou senhor, onde está o respeito que me é devido?" (1,6).

Comenta muito sobre o matrimônio e mostra que Deus reprova aqueles que são infiéis às suas esposas:

> "Porque Javé é testemunha entre você e a mulher de sua juventude, à qual você foi infiel, embora ela fosse a sua companheira, a esposa unida a você por aliança. Por acaso, Deus não fez dos dois um único ser, dotado de carne e espírito?... Portanto, controlem-se para não serem infiéis à esposa de sua juventude. Eu odeio o divórcio, diz Javé, Deus de Israel... Controlem-se e não sejam infiéis" (cf. 2,14-16).

O que dizer hoje da infidelidade conjugal e do divórcio?

Essa exortação é fundamental no que se refere ao matrimônio. Os judeus viviam numa sociedade machista, onde a mulher era "propriedade do homem", isto mesmo, propriedade, mero objeto de prazer, sem vez e sem voz. O homem podia dar a carta de divórcio à sua mulher por qualquer motivo. "Se um homem casa e depois não gosta mais de sua esposa, por ter visto nela alguma coisa inconveniente, escreva para ela um documento de divórcio" (Dt 24,1).

Malaquias é exigente e mostra que o matrimônio é uma união sagrada e que ninguém pode desfazer sem ir contra o projeto de Deus. Jesus também comenta essa questão. Os fariseus responderam: "Moisés permitiu escrever uma certidão de divórcio e depois mandar a mulher embora". E Jesus disse:

> "Foi por causa da dureza do coração de vocês que Moisés escreveu esse mandamento. Mas, desde o início da criação, Deus os fez homem e mulher. Por isso, o homem deixará seu pai e sua mãe, e os dois serão uma só carne. Portanto, eles já não são dois, mas uma só carne. Portanto, o que Deus uniu, o homem não deve separar" (Mc 10,4-9).

Malaquias profetiza também sobre João Batista: "Vejam! Estou mandando o meu mensageiro para preparar o caminho à minha frente" (3,1). Jesus diz: "É de João que a Escritura diz: 'Eis que eu envio o meu mensageiro à tua frente; ele vai preparar o teu caminho diante de ti'" (Mt 11,10).

Fala sobre o Dízimo: "Tragam o dízimo completo para o cofre do templo, para que haja alimento em meu templo. Façam essa experiência comigo, diz Javé dos exércitos. Vocês hão de ver, então, se não abro as comportas do céu, se não derramo sobre vocês as minhas bênçãos de fartura" (3,10).

O que você pensa sobre o dízimo e a partilha?

SAIBA MAIS...

- Sobre o casamento e divórcio (2,13-16).
- Dízimo e partilha (3,8-12).

ÍNDICE DAS HISTÓRIAS, PROFECIAS, LEIS E COSTUMES

Para você entender melhor o Antigo Testamento, vamos colocar, em ordem alfabética, as principais histórias, profecias, leis e costumes, bem como a página onde você poderá encontrá-las:

Moisés 28-31
Rute 59-62
Salomão 71-73
Samuel 64-67
Sansão 55-56
Sulamita (uma linda história de amor com seu amado) 133-138
Susana 182-183
Tobias 88-90

Principais profecias: 153-233

Leis:
Dez Mandamentos 30-31
Lei do apedrejamento 43-44
Lei do puro e do impuro 35-37;83
Lei do Levirato 43;62
Lei do Resgate 37;61-62
Lei do Talião 37

Costumes:
Bênção litúrgica 40
Circuncisão 104
Dia de Javé 203-204
Divórcio 232-233
Dízimo 233
Dogma da retribuição 111-112;115-116
Prostituição sagrada 17-18;187-188
Sacrifícios e holocausto 32-34
Sandália para herança ou validar negócios 63;198-199

REFERÊNCIAS BIBLIOGRÁFICAS

ALBERTIN, Francisco. *Entre Deus e o Mundo.* 2 ed. Aparecida: Editora Santuário, 2002.

_____. *Mistérios do amor.* 2 ed. Aparecida: Editora Santuário, 2000.

ALBERTIN, Francisco; FERNANDES FILHO, Armando. *Justiça, um sonho eterno.* Aparecida: Editora Ideias & Letras, 2006.

BÍBLIA de Jerusalém. São Paulo: Editora Paulus, 2002.

BÍBLIA edição pastoral. 8 ed. São Paulo: Edições Paulinas, 1993.

BÍBLIA Tradução Ecumênica (TEB). São Paulo: Loyola, 1994.

CENTRO Bíblico Verbo. *Come teu pão com alegria!* São Paulo: Editora Paulus, 2006.

_____. *No amor e na ternura a vida renasce.* São Paulo: Editora Paulus, 2005.

CONFERÊNCIA dos religiosos do Brasil. *Sabedoria e poesia do povo de Deus. Tua Palavra é vida.* 4 col. 2 ed. São Paulo: Publicações CRB e Edições Loyola, 1993.

GIRARD, Marc. *Como ler o livro dos Salmos.* São Paulo: Edições Paulinas, 1992.

MESTERS, Carlos. *Como ler o livro de Rute*. São Paulo: Edições Paulinas, 1997.

RIBEIRO, Francisco Souza. *Justiça: Entrevista com o profeta Amós*. Tradução de Cristina Paixão Lopes. São Paulo: Paulinas, 1996.

STORNIOLO, Ivo. *Como ler o livro da Sabedoria*. São Paulo: Editora Paulus, 1993.

_____. *Como ler o livro de Ester*. São Paulo: Editora Paulus, 1995.

_____. *Como ler o livro de Jó*. São Paulo: Edições Paulinas, 1992.

_____. *Como ler o livro de Josué*. São Paulo: Edições Paulinas, 1992.

_____. *Como ler o livro de Judite*. São Paulo: Editora Paulus, 1994.

_____. *Como ler o livro dos Juízes*. São Paulo: Edições Paulinas, 1992.

_____. *Como ler os livros dos Reis*. São Paulo: Edições Paulinas, 1992.

STORNIOLO, Ivo; BALANCIN, Euclides M. *Como ler o Cântico dos Cânticos*. São Paulo: Edições Paulinas, 1991.

_____. *Como ler o livro de Habacuc*. São Paulo: Edições Paulinas, 1990.

_____. *Como ler o livro de Sofonias*. São Paulo: Edições Paulinas, 1991.

_____. *Como ler os livros de Samuel*. São Paulo: Edições Paulinas, 1991.

_____. *Como ler o livro de Tobias*. São Paulo: Editora Paulus, 1994.

STRABELI, Frei Mauro. *Bíblia: perguntas que o povo faz*. São Paulo: Edições Paulinas, 1990.

ÍNDICE GERAL

Caríssimo(a) leitor(a):

Gostaríamos de contar com suas sugestões, críticas ou comentários a respeito desta obra.
Envie e-mail para:
franciscoalbertin@yahoo.com.br